Symfony et CodeIgniter

Le développement rapide d'applications web **en PHP**

ISBN : 978-2-7460-5614-5
Imprimé en France

Editions ENI

ZAC du Moulin Neuf
Rue Benjamin Franklin
44800 St HERBLAIN

Tél. 02.51.80.15.15
Fax 02.51.80.15.16

e-mail : editions@ediENI.com
http://www.editions-eni.fr

Auteur : Thierry BOULANGER
Collection **Expert IT** dirigée par Joëlle MUSSET

Les éléments à télécharger sont disponibles à l'adresse suivante :
http://www.editions-eni.fr
Saisissez la référence ENI de l'ouvrage **EISYM** dans la zone de recherche et validez. Cliquez sur le titre du livre puis sur le lien de téléchargement.

Avant-propos

Chapitre 1
Présentation du framework Symfony

Chapitre 2
Installer le framework Symfony

Chapitre 3
Travailler avec les vues

Chapitre 4
Comprendre le format YAML

Chapitre 7
Comprendre le routage

Chapitre 8
Mettre en pratique Symfony

Chapitre 9
Aller plus loin avec les formulaires

Chapitre 10
Utiliser l'internationalisation dans Symfony

Chapitre 11
Gérer le cache dans Symfony

Chapitre 12
Effectuer des tests unitaires

Chapitre 13
Effectuer des tests fonctionnels

Chapitre 17
Travailler avec les URI

Chapitre 18
Mise en pratique avec une table des compositeurs

Chapitre 19
Travailler avec les sessions

Chapitre 20
Réaliser des tests unitaires

Chapitre 21
Un cas pratique : la gestion de fichiers

Avant-propos

1. Introduction

Les sites Internet deviennent de plus en plus complexes et difficiles à maintenir, les comportements des utilisateurs ont changé. Nous sommes passés des pages web statiques aux réseaux sociaux. Facebook, Twitter et bien d'autres entrent dans notre vie et dans nos programmes. Il ne s'agit plus seulement de réaliser un site web conforme à la demande du client mais il faut savoir rapidement intégrer de nouvelles technologies, de nouvelles tendances. C'est pourquoi les développeurs web sont amenés à utiliser des outils leur facilitant le travail. Parmi ces outils, les frameworks (Cadres de Travail) s'imposent.

Symfony et CodeIgniter sont deux frameworks qui vont vous aider à réaliser efficacement des applications en PHP.

La réponse la plus adaptée à l'évolution des technologies est l'organisation. Il est impensable aujourd'hui de se lancer dans le développement d'un projet ambitieux, sans posséder une bonne structure satisfaisant les besoins des développeurs comme des designers web.

Heureusement, dans le domaine de la programmation orientée objet, des développeurs ont posé les bases de ces structures et c'est ce que l'on appelle Design Pattern ou motifs de conception.

Les Design Pattern ou motifs de conception sont des concepts, destinés à résoudre les problèmes rencontrés dans la programmation objet. Un livre est une référence sur le sujet. Il s'agit du livre du GOF (Gang of Four), le gang des quatre, un groupe de développeurs (Erich Gamma, Richard Helm, Ralph Johnson et John Vlissides), qui a collecté les solutions mises en œuvre liées à la majorité des problèmes rencontrés dans la programmation objet.

Tout au long de votre lecture, vous rencontrerez des exemples de ces motifs de conception.

Dans ce livre, nous traiterons de frameworks pour le langage PHP, s'appuyant sur le modèle MVC (*Model View Controller*). Ce modèle permet aux développeurs de distinguer le code métier de la présentation d'une application. Il s'intègre parfaitement dans la programmation de sites Internet, car il permet de séparer les tâches dans l'équipe de développement. Grâce à ce genre de structure, les développeurs et les designers peuvent travailler ensemble efficacement, dans leurs domaines respectifs.

Vous allez apprendre à utiliser deux frameworks, qui s'emploient dans des contextes différents. Symfony est sans doute plus adapté aux gros projets. Si vous travaillez en équipe, il vous permettra de bénéficier d'un environnement de développement complet. CodeIgniter, quant à lui, est plutôt destiné aux projets moyens. Il est facile à apprendre, à utiliser, et dispose d'une bonne documentation. En fonction de vos besoins, vous saurez trouver l'outil le plus adapté.

Si le livre que vous avez entre les mains détaille l'utilisation de ces deux logiciels, nous allons essayer de vous montrer également de bonnes pratiques sur le développement web en PHP.

Tout d'abord, nous allons parler de Symfony (version 1.4), le framework développé par la société française Sensio et distribué sous la licence GPL. Puis nous vous présenterons le framework CodeIgniter (version 1.72), qui nous vient de la société américaine Expression Engine.

Vous allez d'abord découvrir les outils, leur installation et progressivement vous découvrirez les mécanismes de ces deux logiciels. Par exemple, nous allons vous expliquer comment développer un gestionnaire de devis assez simple avec Symfony, vous apprendre, avec CodeIgniter, comment uploader des fichiers et gérer l'authentification sur votre site web.

2. À qui s'adresse ce livre ?

Ce livre s'adresse aux chefs de projets, développeurs et chefs d'entreprise, qui utilisent PHP comme langage, pour créer les sites de leurs clients ou pour leur entreprise. Un framework n'est utile que si l'on projette de réaliser un site conséquent. Si par exemple le projet de site web se résume à quelques pages sans interaction avec les visiteurs, ce n'est pas la peine de passer par un framework, mais cela reste possible surtout s'il est question dans le futur d'étendre les fonctionnalités du site.

Ce livre s'adresse aux étudiants en informatique, qui souhaitent pratiquer le PHP dans un contexte professionnel, et d'ores et déjà prendre de bonnes habitudes de programmation avec les outils les plus performants du moment.

Grâce à Symfony ou CodeIgniter, vous gagnerez un temps précieux. En effet, il est préférable de se concentrer sur les fonctionnalités d'une application, plutôt que de passer du temps à programmer des classes afin de vérifier, par exemple, la saisie des utilisateurs, ou la gestion de la connexion à des bases de données. Symfony et CodeIgniter réalisent ce travail pour vous.

Ce livre s'adresse aux développeurs qui n'ont jamais utilisé de framework et qui souhaitent organiser leur code de manière efficace et sécurisée.

Ce livre est également conçu pour les développeurs qui utilisent des frameworks autres que Symfony ou CodeIgniter. Il faut savoir que des frameworks, tels que Zend, peuvent être utilisés avec CodeIgniter ou Symfony ; la connaissance de plusieurs frameworks permettant de répondre au mieux à la demande de la clientèle.

Un moteur de recherche est un développement ardu. Il est possible d'intégrer le moteur de recherche de Zend Lucene dans Symfony. Ne pas réinventer la roue est un des principes de programmation à suivre.

3. Objectifs du livre

3.1 Ce que vous allez apprendre

Grâce à Symfony et CodeIgniter, vous apprendrez non seulement à concevoir des applications web en PHP mais aussi à démarrer un projet et le mener à terme. La grande majorité des programmes réalisés en PHP fonctionne avec des bases de données. Selon les projets, il peut s'agir aussi bien de bases sous MySQL ou bien SQL Server ou d'autres encore.

Les deux frameworks peuvent être utilisés avec la plupart des bases de données. Vous pourrez constater avec quelle facilité on peut traiter les données, de la création des tables jusqu'au traitement de celles-ci.

Nous allons vous montrer comment installer les frameworks traités dans le livre, sur des serveurs web.

Les frameworks PHP de cet ouvrage vous faciliteront la vie, grâce au grand nombre de classes et de méthodes qui gèrent les formulaires, les accès aux bases de données, aux fichiers et bien d'autres domaines.

Vous allez apprendre à utiliser ces classes qui vous feront gagner du temps lors de vos développements de sites.

Si vous n'êtes pas familier de l'ORM (*Object-Relationnal Mapping*), qui sans entrer dans le détail, est un moyen efficace de faire correspondre une base de données relationnelle à des objets écrits dans un langage de programmation, vous découvrirez une approche efficace de la gestion de données.

Vous apprendrez à utiliser cette technique avec Symfony et Doctrine, ORM (*Object Relational Mapper*), permettant de faire la correspondance entre objet et base de données relationnelle.

On retrouve des ORM dans d'autres langages. En Java il existe Hibernate et chez Microsoft, Microsoft Entity Data.

Nous allons vous guider dans la gestion de la persistance de données (CRUD - *Create Read Update ou Delete*), facilitée par Doctrine dans Symfony.

La réalisation de tests fonctionnels et unitaires s'avère aussi importante que le développement de classes, vous allez donc découvrir les outils qu'offrent Symfony et CodeIgniter pour réaliser ces tests.

3.2 Pourquoi parler de CodeIgniter et Symfony ?

Symfony et CodeIgniter sont assez similaires. Si le premier permet de gérer des projets d'envergure, le second conviendra plutôt aux projets moyens. Les deux frameworks peuvent utiliser l'ORM Doctrine mais Symfony, suivant le développement de Doctrine, offre nativement son support.

Vous pouvez être intéressés par Symfony mais peut-être n'avez-vous pas besoin de l'utiliser immédiatement ? Les projets que vous êtes amenés à gérer ne justifient peut-être pas que vous utilisiez Symfony. Vous pouvez avoir envie de saisir petit à petit les concepts du framework pour un futur grand projet. Par contre, comme tout professionnel du développement web, vous devez livrer des projets régulièrement et rapidement. Vous disposez sans doute d'une bibliothèque de Classes mais celle-ci ne vient peut-être pas à bout de toutes les problématiques que vous rencontrez.

Un framework simple à utiliser et rapide à assimiler comme CodeIgniter vous permettra de répondre à la demande de vos clients et de maintenir vos applications.

Au contraire, si vous avez à gérer de gros projets, l'apprentissage de Symfony vous sera des plus bénéfiques. Cependant, certains de vos projets pourraient être tout simplement développés grâce à un framework comme CodeIgniter que vous saurez utiliser sans mal, ayant déjà développé avec Symfony.

C'est pourquoi nous vous parlerons dans ce livre de ces frameworks en essayant de vous faire percevoir pour lesquels de vos futurs projets, ils sont faits.

3.3 Symfony et CodeIgniter

Les frameworks dont nous vous parlons sont programmés en PHP objet et utilisent abondamment les concepts de la POO (*Programmation Orientée Objet*). Vous devez donc maîtriser ces concepts pour bien profiter de cet ouvrage. La connaissance des bases de données relationnelles et des notions de XML n'est pas nécessaire mais vous permettra de mieux assimiler les systèmes que nous allons vous présenter.

3.4 Les pré-requis

3.4.1 Pour Symfony

Symfony nécessite la connaissance de PHP 5. Le logiciel utilise tous les concepts de la programmation orientée objet. Ce qui distingue Symfony d'autres frameworks PHP est qu'il offre un environnement de développement, en plus de proposer un certain nombre de classes utilisables dans les domaines classiques de la programmation de sites web. Cet environnement ne s'installe pas sur une machine par un simple copié/collé. Il n'existe pas non plus un installateur, qui, en quelques clics, vous permettra de développer tout de suite avec l'outil.

L'utilisation d'une interface en ligne de commande est un passage obligatoire pour utiliser Symfony. Nous ne saurions trop vous conseiller d'utiliser des systèmes UNIX/Linux. Cependant bien que moins pratique à utiliser, une machine sous Windows est aussi envisageable.

■ Remarque

Sous Windows vous pouvez utiliser WAMP Server 2.

Aujourd'hui Symfony utilise le langage YML et XML. Connaître ces langages de description de données facilite la compréhension du système.

Un chapitre sera consacré au langage YAML. De manière détaillée, vous apprendrez à appréhender ce langage de description qui fonctionne assez bien avec le langage PHP.

3.4.2 Pour CodeIgniter

CodeIgniter peut être utilisé avec PHP4. Il ne nécessite pas l'utilisation de la ligne de commande. Une bonne connaissance de la programmation objet est recommandée.

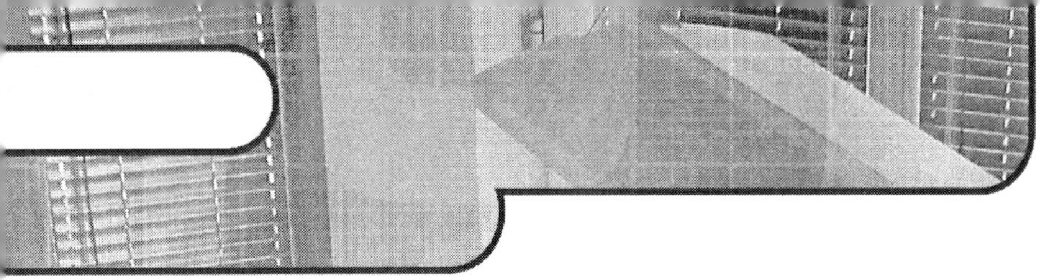

Chapitre 1
Présentation du framework Symfony

1. Présentation

Le framework Symfony a été créé par Fabien Potentier, élève de l'École des Mines de Nancy. La société, dont il est le co-fondateur, Sensio http://www.sensiolabs.com/fr/corporate/societe, existe depuis 2008 et a comme produit phare le framework, dont nous vous parlons dans ce livre. Des sociétés, telles que Yahoo, possèdent des applications réalisées avec Symfony. "Yahoo Answer", http://answers.yahoo.com/, est un bel exemple de ce qui peut être fait avec Symfony.

Symfony permet de construire des applications d'envergure. Il est même plutôt fait pour cela.

Une documentation

Le livre que vous avez entre les mains vous aidera à comprendre et à réaliser vos prochains développements avec Symfony. Il détaille précisément les étapes nécessaires pour bien utiliser Symfony. Mais la possibilité de trouver en ligne une documentation riche et des exemples nombreux est un avantage, dont il serait dommage de se priver. La force de Symfony vient même de la facilité avec laquelle on peut trouver facilement une documentation sur de nombreux aspects du logiciel. Vous pourrez par exemple suivre pas à pas la réalisation de projets comme **Askeet** et **Jobeet**, deux projets proposés de façon intelligente sur la toile, sous forme de tutoriels.

Un framework

Symfony est donc un framework basé sur le modèle MVC. Il existe sur le marché beaucoup de frameworks pour le langage PHP. Le modèle MVC s'impose de plus en plus, et son utilisation est de plus en plus répandue, qu'il s'agisse de framework ou de CMS. Prenons par exemple le CMS Joomla, largement utilisé de par le monde : les possibilités d'étendre ses fonctionnalités passent par un système MVC. Dans d'autres langages comme JAVA ou ASP.net, le modèle MVC lui aussi est largement utilisé.

Une gestion des données

Ce qui rend Symfony différent des autres frameworks PHP est l'existence de l'ORM Doctrine, dont il sera question au chapitre Utiliser le générateur d'admin. À la garantie d'un code structuré s'ajoute la rapidité de la création et de la maintenance de sites, car Symfony s'est toujours appuyé sur deux technologies de gestion des données. Il s'agit de Propel et Doctrine.

Dans ce livre, nous ne parlerons que de la seconde. Doctrine peut être utilisé sur d'autres frameworks, comme CodeIgniter, par exemple.

Un environnement de programmation

Nous allons vous montrer étape par étape comment prendre en main ce framework, en commençant par expliquer la notion de projet.

Puis nous rentrerons plus dans le détail pour vous parler des aspects techniques du logiciel, comme les environnements, les helpers, les templates et bien d'autres encore.

2. Les projets

Dans Symfony, les fichiers sont organisés d'une manière bien précise. La compréhension de cette organisation vous assure l'assimilation de cet outil. C'est pourquoi à partir de maintenant vous allez apprendre de quoi se compose un projet.

Pour illustrer cela, vous allez découvrir comment construire un logiciel simple. Ce logiciel permet d'afficher une page météo différente chaque jour. Les informations de cette page seront saisies par des administrateurs.

Dans pratiquement tous les développements en langage PHP, on utilise un modèle de données. Un projet dans le framework Symfony regroupe un modèle de données. Vous allez étudier le développement d'un site proposant des bulletins météo. Les bulletins sont stockés dans la table `BulletinMeteo` ayant pour champs :

Table BulletinMeteo

Champ de la table	Description
`Id_bulletin`	Clé Primaire de la table
`texte_bulletin`	Contient le texte du bulletin météo
`date_bulletin`	Contient la date de la prévision

Le projet **Bulletin** sera associé au modèle de données bulletin.

Il est important de se souvenir que le projet est la base de ce qui va suivre. Symfony possède son vocabulaire. Plus tard, ce vocabulaire vous sera familier et vous comprendrez pourquoi il est important de bien saisir ce que représente un projet, dans un développement avec Symfony.

3. Les applications

Symfony étant particulièrement utilisé pour réaliser des applications web, vous allez voir comment réaliser celles-ci avec ce framework. Si nous revenons à notre exemple concernant les bulletins météo, vous constatez que nous possédons un modèle de données, organisé à travers un projet. Il reste donc à définir la ou les applications qui vont utiliser les données, c'est-à-dire notre table bulletin. L'application, que l'on souhaite concevoir, consiste à montrer aux visiteurs les derniers bulletins météo. Une autre application permettra aux prévisionnistes de saisir les bulletins météo. Nous appellerons la première meteo et la seconde prevision.

Ainsi, dans le cadre de notre exemple, vous pouvez créer un projet **Bulletin** qui contiendra deux applications : **meteo** et **prevision**. Ces deux applications vont utiliser la table `BulletinMeteo`.

4. Les environnements

Symfony présente le grand avantage de permettre la séparation du travail en cours, des tests que l'on réalise sur le projet, et de ce que l'on souhaite montrer au client. Cette séparation s'opère à travers des environnements. Chaque environnement est accessible par une URL différente.

Les principaux environnements de Symfony sont :

L'environnement de développement

C'est dans cet environnement que les développeurs travaillent. Les messages d'erreurs, les informations de débogage, des informations comme la vitesse d'exécution des scripts par exemple sont affichés.

L'environnement de test

Dans cet environnement, le développeur s'attache à réaliser des tests sur différentes parties du projet, comme les classes, les fonctionnalités. Nous reviendrons dans les chapitres Effectuer des tests unitaires et Effectuer des tests fonctionnels sur les tests.

L'environnement de recette

Le client a accès à cet environnement. Il l'utilise et peut faire part des bugs rencontrés au prestataire.

L'environnement de production

Cet environnement est celui qui est utilisé lorsque le projet est terminé. Les performances de celui-ci sont optimum. Si l'utilisateur rencontre un bug, un message personnalisé est affiché, contrairement à l'environnement de développement, qui, lui, affiche des informations sur le bug, son emplacement et ses codes d'erreurs.

5. Les "helpers"

Les helpers, que l'on pourrait traduire par assistants, sont des fonctions écrites pour faciliter le travail du développeur. On en retrouve dans différents domaines, comme pour le traitement des dates, des chaînes de caractères. Par exemple, le helper strip_links_text, qui provient de la classe `TextHelper`, remplacera une balise de type lien par son contenu :

```
<a href= » http://www.editions-eni.fr/» Les éditions ENI </a>
par Les Editions ENI.
```

Utiliser des helpers permet de gagner beaucoup de temps.

Remarque

Il est possible de créer ses propres Helpers.

6. Les fichiers de configuration

Pour clore ce chapitre, nous allons parler de la configuration de Symfony. Nous avons vu précédemment qu'il existait différents environnements. Pour chacun des environnements, il existe une configuration particulière. Dans Symfony, les fichiers de configuration sont au format YAML et se nomment Settings.YML. Nous verrons, dans le chapitre Comprendre le format YAML, les principes du langage YAML.

Dans les fichiers de configuration, il est possible d'indiquer si l'on utilise un système de cache ou non. Ainsi par défaut, une application a le cache désactivé, dans son environnement de développement et de test.

Nous n'allons pas ici décrire toutes les directives de configuration, mais il nous semble important de nous attarder sur l'une d'entre elles : la directive `crsf_secret`.

Tout d'abord, comme tout bon développeur le sait, une application web peut représenter une proie face aux attaques de pirates informatiques.

Une de ces attaques porte le nom de **CSRF** (*Cross-Site request forgeries*) et consiste à faire exécuter un code malicieux par un utilisateur, sans qu'il s'en rende compte. Par exemple, un utilisateur X, authentifié sur un forum, affiche un message qui contient un morceau de code JavaScript. Ce morceau de code envoie, à travers une requête POST, la demande de suppression d'un utilisateur Y par exemple. Évidemment, ce n'est pas ce que souhaitait notre utilisateur X. Pour se prémunir de ce danger, une technique consiste à associer un code unique à toutes requêtes GET comme POST.

La directive *crsf_secret* définit une valeur unique pour une application.

Nous avons abordé les points importants de Symfony dans ce chapitre. Dans le chapitre suivant, nous allons voir dans le détail comment les mettre en œuvre dans des applications.

Chapitre 2
Installer le framework Symfony

1. Installer les sources de Symfony

Dans ce chapitre, nous allons parler de l'installation de Symfony. Il s'agit d'une étape importante, car de la bonne installation du logiciel va dépendre tout le fonctionnement de votre application. Pour la compréhension des chapitres suivants, il est recommandé de bien suivre les étapes de ce chapitre, qui peuvent vous paraître parfois exagérément détaillées. Si vous êtes familier des serveurs web, vous n'éprouverez aucune difficulté à réaliser ces étapes. Vous risquez même de les survoler. Si au contraire vous êtes débutant, nous allons vous guider pas à pas jusqu'à la réussite de l'opération. C'est pourquoi pour ne pas que vous perdiez du temps à rechercher comment effectuer une opération simple, les opérations nécessaires à l'installation de Symfony sont présentées sous Windows comme sous Linux.

Votre système doit être équipé d'un serveur web de PHP 5.2.4 au moins, d'un client PHP et d'une base de données. Dans les chapitres qui suivent, nous utilisons Apache 2.2, PHP 5.2.4 et une base de données MySQL sur une distribution Linux Ubuntu 10 et WAMP Server 2 sous Windows. Vous pouvez trouver WAMP à cette adresse :
http://www.wampserver.com/download.php

Mais tout d'abord, nous vous invitons à télécharger les sources du framework sur le site de Symfony :
http://www.symfony-project.org/installation

Préférez la dernière version stable, qui correspond à votre système d'exploitation. Puis, nous vous invitons à extraire l'archive des sources et à exécuter le fichier PHP qui se trouve dans ce répertoire.

Sous Windows

symfony-1.4.2\data\bin\check_configuration.php

Sous Unix/Linux

symfony-1.4.2/data/bin/check_configuration.php

Pour exécuter le fichier de test de configuration, vous pouvez, sous Wamp, créer un répertoire testSymfony, dans le répertoire www, puis y recopier le fichier check_configuration.php. Tapez alors dans la barre d'adresse de votre navigateur l'adresse suivante :
http://localhost/testSymfony/check_configuration.php

Vous saurez si votre configuration convient.

Sous Linux vous pouvez déjà utiliser la ligne de commande et taper :

```
php symfony-1.4.2/data/bin/check_configuration.php
```

Voici le résultat de l'exécution :

```
********************************
*                              *
*  symfony requirements check  *
*                              *
********************************

php.ini used by PHP: C:\wamp\bin\apache\Apache2.2.11\bin\php.ini


** Mandatory requirements **

  OK        PHP version is at least 5.2.4 (5.3.0)

** Optional checks **
```

```
  OK          PDO is installed
  OK          PDO has some drivers installed: mysql, sqlite
  OK          PHP-XML module is installed
[[WARNING]] XSL module is installed: FAILED
            *** Install the XSL module (recommended for Propel) ***
  OK          The token_get_all() function is available
  OK          The mb_strlen() function is available
  OK          The iconv() function is available
  OK          The utf8_decode() is available
[[WARNING]] A PHP accelerator is installed: FAILED
            *** Install a PHP accelerator like APC (highly
recommended) ***
  OK          php.ini has short_open_tag set to off
  OK          php.ini has magic_quotes_gpc set to off
  OK          php.ini has register_globals set to off
  OK          php.ini has session.auto_start set to off
  OK          PHP version is not 5.2.9
```

Remarque

APC Accelerator est une extension qui a pour but de faire fonctionner plus rapidement PHP. Sans cette extension, Symfony fonctionne mais il est fortement recommandé de l'installer.

Si votre navigateur affiche une ligne qui ne commence pas par **OK**, c'est qu'il vous manque un module PHP, ou que la configuration de votre fichier php.ini est incorrecte pour faire fonctionner Symfony.

Si par exemple il vous manque l'extension php_xsl :

Sous Windows avec WAMP

- Faites un clic sur l'icône de Wamp Server dans la barre des tâches. Sélectionnez **PHP** puis **extension PHP** et enfin **php_xsl**.

Sous Linux

- Si vous êtes dans un environnement Unix/Linux, créez le répertoire qui va contenir votre projet à l'emplacement de votre choix par exemple */home/mes_projets_symfony/exemple_meteo* en exécutant la commande :

```
mkdir -p /home/mes_projets_symfony/exemple_meteo
```

- Placez-vous dans le répertoire où se situera votre projet ici *exemple_meteo* en tapant la commande :

```
cd /home/mes_projets_symfony/exemple_meteo
```

- À ce stade, il faut créer les répertoires suivants */lib/vendor* en tapant la commande :

```
mkdir -p /lib/vendor
```

Sous Windows

- Si vous êtes dans un environnement Windows, créez le répertoire qui va contenir votre projet à l'emplacement de votre choix, par exemple : C:\mes_projets_symfony\exemple_meteo.

Remarque

Sous Windows, il est préférable d'utiliser des chemins ne comportant pas d'espace.

Vous pouvez soit utiliser l'explorateur Windows directement, soit taper la commande :

```
mkdir C:\mes_projets_symfony\exemple_meteo
```

- Placez-vous dans le répertoire de votre projet.

En ligne de commande :

```
cd C:\mes_projets_symfony\exemple_meteo
```

- Puis créez les répertoires */lib/vendor*, par exemple en tapant la commande :

```
mkdir \lib\vendor
```

Il ne reste plus maintenant qu'à recopier l'archive extraite précédemment dans le répertoire vendor.

2. Générer un projet

Nous allons, dans ce chapitre, expliquer comment générer un projet, et ce qu'il contient, une fois généré. Nous indiquions, en présentant Symfony, que l'utilisation de la ligne de commande était nécessaire et, pour générer notre projet, c'est ce que nous allons faire en tapant dans une console :

Sous Windows

- Pour accéder à l'interface de ligne de commande, cliquez sur **Démarrer** puis sur **Exécuter**. Tapez alors **CMD** et validez. Une interface de ligne de commande vous permettra de saisir les commandes nécessaires.

Remarque

Lorsque vous devez taper des chemins vers des répertoires, un simple glissé/déposé depuis l'explorateur Windows vous évitera de saisir de longues adresses.

Par défaut, l'affichage de l'interface de commande est très étroit.

Pour modifier à votre convenance :

- Faites un clic droit dans la barre de titre de la fenêtre de l'interface de commande et choisissez l'option **Propriétés**.

▶ Modifiez ensuite les valeurs de la taille de la fenêtre, par exemple prenez 70 pour la hauteur et 180 pour la largeur.

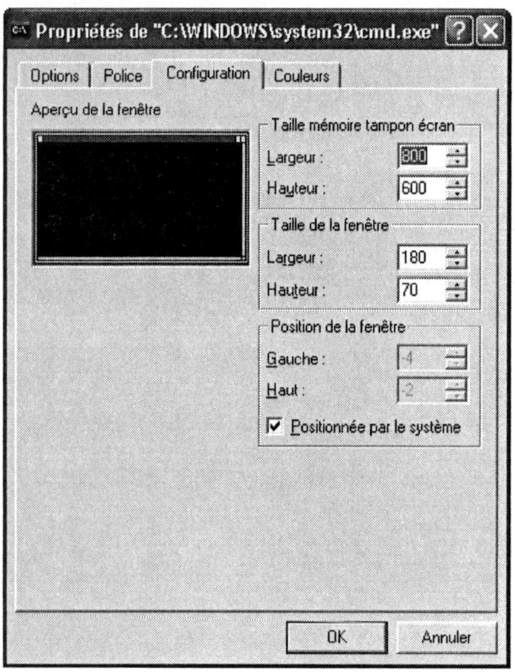

Votre espace est maintenant plus convivial et vous pourrez voir les messages d'erreurs et les informations plus facilement.

Sous Linux, les possibilités de modifier la console sont immenses. Vous bénéficierez de couleurs par exemple. Si vous ne souhaitez pas installer Linux sur votre disque dur et que votre machine est assez puissante, vous devriez utiliser la technique de virtualisation. Des outils gratuits comme **VirtualBox** vous permettent de faire fonctionner, en même temps, Linux et Windows. Un autre avantage est qu'ainsi vous pouvez tester des navigateurs comme **Konqueror** ou **Galeon**. Il est aussi possible d'installer d'autres versions de Windows. Cela permet, par exemple, de tester vos sites sur des navigateurs anciens comme **Internet Explorer 6**, qui causent tant de tracas à tous les développeurs web du monde.

- Pour générer un projet sous Windows tapez la ligne suivante :

```
Php symfony lib\vendor\symfony-1.4.2\data\bin\symfony
generate:project bulletin
```

Si vous utilisez WAMP par exemple, et que vous n'avez pas défini de variables d'environnement pour le client PHP, il vous faudra taper la commande représentée dans la figure ci-dessous. C'est un peu fastidieux.

Pour définir PHP

- Faites un clic sur le **Poste de Travail** en utilisant le clic droit de la souris, cliquez sur **Propriétés**, puis cliquez sur l'onglet **Avancé** et enfin sur le bouton **Variables d'environnement**.

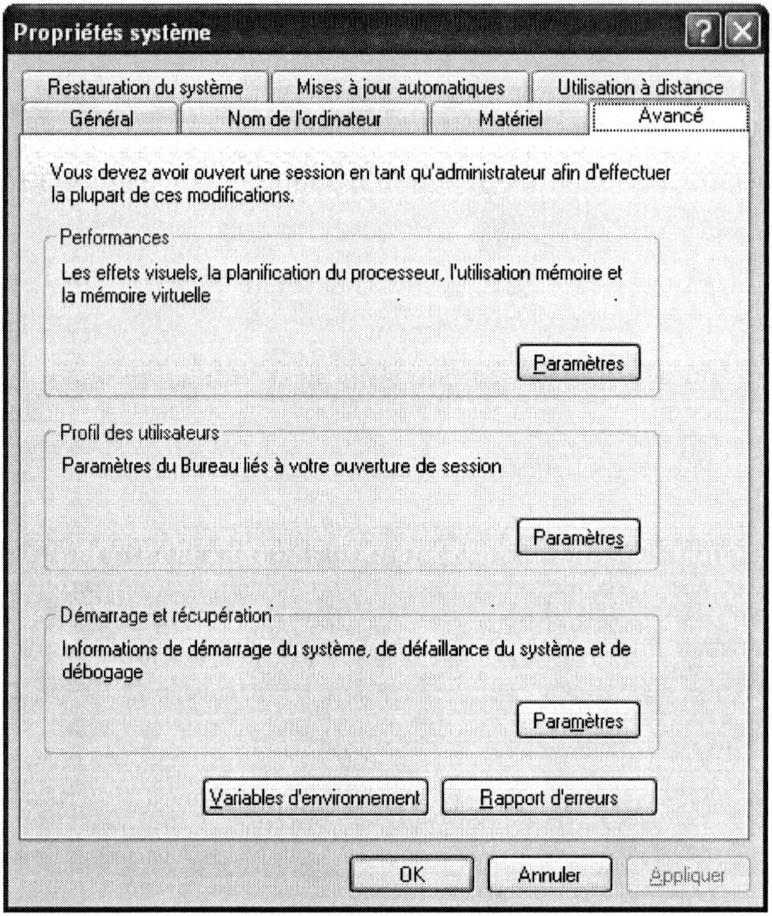

- Sélectionnez la variable **Path** dans le champ du bas et cliquez sur **Modifier**.

■ Ajoutez le chemin vers les répertoires PHP et ses extensions.

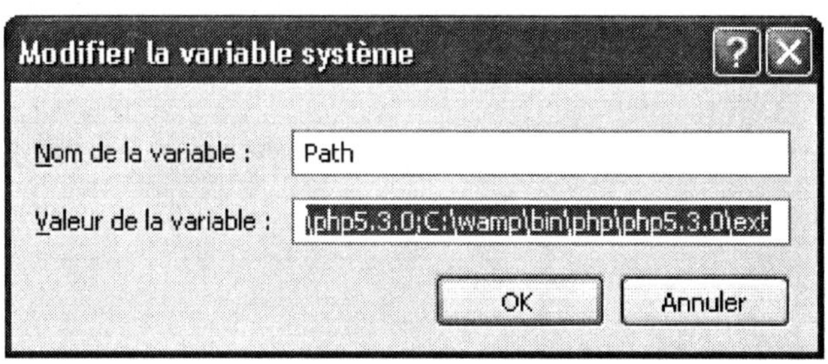

Par exemple sous WAMP :

```
; C:\wamp\bin\php\php5.3.0;C:\wamp\bin\php\php5.3.0\ext
```

- Après cela, redémarrez le serveur Apache. Avec Wamp faites un clic dans la barre des tâches sur l'icône de WAMP et cliquez sur **Redémarrer les services**.

Sous Linux

- Pour générer un projet, tapez la ligne suivante :

```
php /lib/vendor/symfony-1.4.2/data/bin/symfony generate:project bulletin
```

Cette commande a généré des répertoires et des fichiers. Il s'agit de la structure de notre projet.

Répertoire	Description
apps	Contient les applications du projet.
cache	Contient le cache du projet.
config	Contient les fichiers de configuration du projet.
lib	Contient les librairies du projet.
log	Contient les logs du projet.
plugins	Contient les plugins du projet.
test	Contient les tests unitaires et fonctionnels du projet.
web	Contient les éléments du projet accessibles comme par exemple les images et les fichiers JavaScript.

Il existe, maintenant, à la racine du projet, un raccourci Symfony qui permet d'accéder à l'exécutable Symfony. Pour vous en convaincre, vous pouvez taper la commande :

```
php symfony -V
```

Le résultat de cette commande affiche la version de Symfony utilisée.

3. Configurer le serveur et les hôtes virtuels

Vous avez vu comment générer un projet Symfony, grâce à la ligne de commande *symfony generate :project*. Jusque-là, nous n'avions pas à nous soucier du serveur. Il est temps maintenant de penser à configurer correctement le serveur pour notre framework. Il est important de savoir que l'on ne peut pas se contenter de recopier les fichiers d'un projet à la racine du serveur. Certes cela fonctionnerait, mais on s'exposerait à de très gros problèmes de sécurité. En effet, il serait facile à quiconque d'accéder à des répertoires confidentiels, comme par exemple, la configuration de la base de données.

C'est pourquoi il faut passer par la configuration des hôtes virtuels.

Nous allons vous parler ici de la configuration d'un serveur Apache 2.

La configuration des hôtes virtuels permet de définir plusieurs arborescences pour un même serveur. C'est-à-dire que pour l'adresse 127.0.0.1 par exemple, on peut associer la structure de deux sites, siteMeteo.fr et siteHoroscope.fr. Il est possible de réaliser la même chose, mais en distinguant les deux sites par le port. L'un pourrait être accessible par http://siteMeteo.fr:8080 et l'autre par http://siteHoroscope.fr:8181. La première méthode est à privilégier.

Sous Linux

- Vous pouvez éditer le fichier /etc/hosts en ajoutant une ligne comme ceci :

```
127.0.0.1 meteo.sitelocal
```

Remarque

*Attention il s'agit du fichier **hosts** et non **host**.*

- Éditez le fichier etc/apache2/sites-availables/default et enregistrez-le sous le nom **sitelocal** :

```
<VirtualHost *:80>

  ServerName meteo.sitelocal
  ServerAlias www.meteo.sitelocal

  DocumentRoot "/home/thierry/projetSymfony/web"
  <Directory />
    Options FollowSymLinks
    AllowOverride None
  </Directory>
  DirectoryIndex index.php
        <Directory "/home/thierry/projetSymfony/web">
           AllowOverride All
            Allow from All
        </Directory>


  Alias /sf /home/thierry/projetSymfony/lib/vendor/symfony/data/web/sf
    <Directory "/home/thierry/projetSymfony/lib/vendor/symfony/data/
web/sf">
      AllowOverride All
      Allow from All
    </Directory>


</VirtualHost>
```

- Tapez cette commande :

```
sudo a2ensite sitelocal
```

- Rechargez Apache :

```
/etc/init.d/apache2 reload
```

Remarque

Sous Linux, comme sous Windows, les commentaires peuvent être utilisés dans les fichiers de configuration en utilisant le préfixe **#** *comme ci-dessous :*

```
#ceci est un commentaire
```

Pour différencier les différents sites par le port et, par exemple, accéder à votre site par l'adresse 127.0.0.1 :8080, modifiez par exemple le fichier etc/apache2/sites-availables/default en lui ajoutant ces lignes :

```
#Cette ligne ne doit apparaitre qu'une seule fois
NameVirtualHost 127.0.0.1:8080

# Configuration du projet bulletin
Listen 127.0.0.1:8080

<VirtualHost 127.0.0.1:8080>
  DocumentRoot "/home/mesprojets/web"
  DirectoryIndex index.php
  <Directory "/home/mesprojets/web">
    AllowOverride All
    Allow from All
  </Directory>

  Alias /sf /home/mesprojets/lib/vendor/symfony/data/web/sf
  <Directory "/home/projetSymfony/lib/vendor/symfony/data/web/sf">
    AllowOverride All
    Allow from All
  </Directory>
</VirtualHost>
<VirtualHost 127.0.0.1.8080>
```

Sous Windows

Sous WAMP, vous devez renseigner les fichiers de configuration httpd-vhosts.conf et C:\wamp\bin\apache\Apache2.2.11\conf\httpd.conf :

- Modifiez le fichier httpd-vhosts à l'emplacement C:\wamp\bin\apache\Apache2.2.11\conf\extra\httpd-vhosts.conf comme ceci :

```
NameVirtualHost *:80
#Site du projet Bulletin Metéo
<VirtualHost *:80>
    ServerAdmin admin@monsite.com
    DocumentRoot "C:\wamp\www\exemple_meteo\web"
    ServerName meteo.sitelocal
    ServerAlias meteo.sitelocal
    ErrorLog "logs/meteo.sitelocal -error.log"
    CustomLog "logs/meteo.sitelocal -access.log" common
    Alias /sf C:\wamp\www\exemple_meteo\lib\vendor\sf\data\web\sf
</VirtualHost>

#Pour conserver son localhost
<VirtualHost *:80>
```

```
    DocumentRoot "C:\wamp\www"
    ServerName localhost
    ServerAlias localhost
</VirtualHost>
```

- Modifiez le fichier hosts à l'emplacement C:\Windows\System32\drivers\etc\hosts comme ceci :

```
127.0.0.1 localhost meteo.sitelocal
```

4. Comprendre l'architecture d'un projet

Le framework Symfony repose sur le motif de conception MVC (*Model View Controller*). Ce motif largement utilisé aujourd'hui, dans des applications clients, comme serveur, vise à séparer la couche métier de l'interface qui interagit avec l'utilisateur. Le code d'un programme est organisé en trois couches.

Le modèle

Il contient la logique métier. Très généralement, on y retrouve les accès à la base de données mais il peut aussi s'agir de web-services, de fichiers plats ou XML.

Pour Symfony il s'agit du répertoire /lib/model.

La vue

Il s'agit de l'interface utilisateur. On parle aussi souvent d'IHM pour Interface Homme Machine. La vue va souvent être partagée par les développeurs et les designers.

Pour Symfony, la vue se retrouve dans des templates qui figurent dans plusieurs répertoires templates.

■ Remarque

Les templates en PHP sont des parties de pages HTML, qui contiennent le moins possible de code PHP, et qui peuvent être utilisées par des designers web, qui, par exemple ne connaissent pas ou très peu le langage de programmation. En décomposant une page web en différents templates, on facilite la recherche de bugs et la maintenance d'un site web. Les bugs, les améliorations ne se concentrent que sur quelques templates, plutôt qu'une page entière.

Le contrôleur

C'est le code qui va utiliser les données du modèle pour les transmettre à la vue et enfin restituer à l'utilisateur une interface.

Pour Symfony, il s'agit des applications (front-controllers), qui à travers les actions, vont réaliser leurs tâches. Les actions sont, quant à elles, regroupées en modules. Vous comprendrez mieux les concepts d'actions et de modules quand vous aurez lu le chapitre Travailler avec les modèles. Lorsque vous développez en PHP, vous savez, qu'en utilisant des formulaires, vous devez gérer l'action provoquée par l'utilisateur. Vous avez donc l'habitude de gérer des actions, comme l'ajout de données dans une base de données par exemple. Ce genre d'action, dans Symfony, est traité par des actions, qui sont regroupées en modules.

5. Créer une application

Vous avez généré un projet et configuré le serveur. Rappelons que vous avez deux applications à construire **meteo** et **prevision**.

En utilisant le raccourci Symfony depuis le répertoire exemple_meteo, vous allez générer l'application **meteo** en vous servant des options, pour sécuriser cette dernière et la protéger des attaques du type **CSRF**, vues dans le chapitre Présentation du framework Symfony.

Pour cela vous allez taper la commande :

```
php symfony generate:app --escaping-strategy=on --csrf-secret=
"unCodeSecret" meteo
```

Remarque

*L'option **escaping-strategy** va prévenir les attaques XSS. L'option **--csrf-secret** va prévenir les attaques **CSRCF**.*

Vous pouvez modifier le code **CSRF** dans le fichier setting.yml qui se trouve dans le répertoire :

```
exemple_meteo\apps\meteo\config
```

À l'instar du projet, la génération de l'application a provoqué la création de plusieurs répertoires.

Répertoire	Description
config/	Contient les fichiers de configuration de l'application.
lib/	Contient les librairies de l'application.
modules/	Contient les actions de l'application.
templates/	Contient les templates de l'application.

Vous pouvez maintenant tester l'application en tapant l'adresse suivante sur un navigateur :
http://localhost:8080/meteo_dev.php ou http://meteo.sitelocal

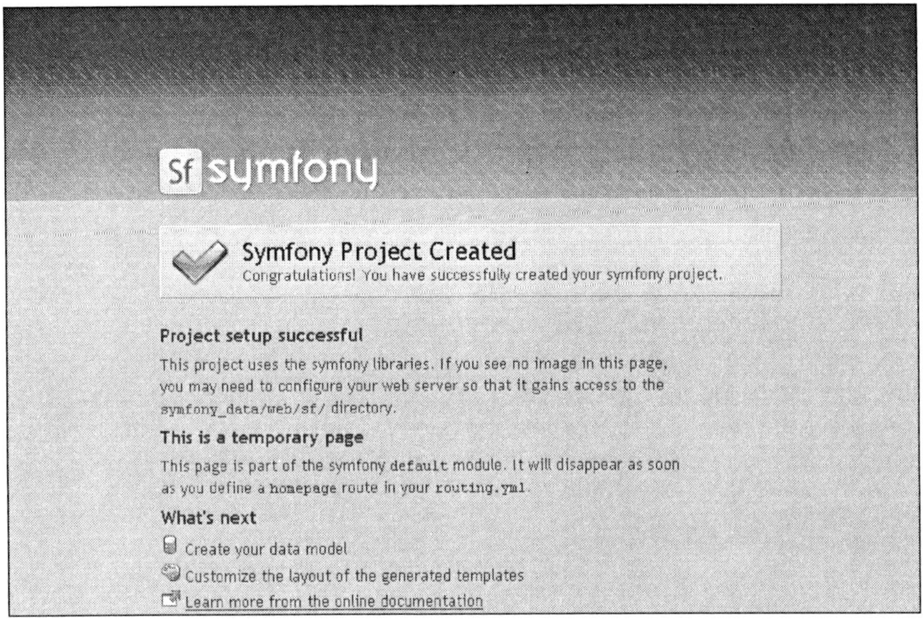

L'application que vous avez créée va contenir bientôt tout ce que vous souhaiterez développer. L'accès aux données, l'affichage des pages est contenu dans l'application **meteo**. Le mérite de Symfony est là. En une seule ligne de commande, vous possédez une structure parfaitement équilibrée. Dans un projet contenant un nombre important d'applications, vous pouvez imaginer le temps de développement que vous gagnez.

Nous avons vu, dans ce chapitre, comment mettre en œuvre un projet avec Symfony. La première page, que vous affichez, représente un message de bienvenue de Symfony, vous indiquant que votre projet et votre application sont prêts. Vous remarquerez que, sur votre page de développement, vous retrouvez des outils de débogage comme par exemple :

- Le rappel de votre configuration.
- La vue courante et les paramètres passés (s'il y en a).
- Différents Logs.

Nous ne détaillerons pas ici ces outils, mais au fur et à mesure de votre apprentissage, vous saurez tirer profit de ces outils très pratiques.

Vous avez pu vous familiariser avec la ligne de commande et la syntaxe de Symfony.

Si vous souhaitez en découvrir davantage sur les commandes Symfony, vous pouvez taper la commande suivante :

```
Symfony -h
```

Cela vous permettra de voir toutes les commandes accessibles en ligne par le terminal.

Vous êtes maintenant prêts pour commencer à programmer avec Symfony. Vous allez ensuite continuer avec le projet **Bulletin**.

Vous allez donc découvrir, dans le chapitre suivant, comment afficher votre première page.

Chapitre 3
Travailler avec les vues

1. Les vues

Ce chapitre va concerner l'affichage des pages web. Il ne sera pas question de design. Vous allez plutôt apprendre les possibilités offertes par Symfony pour structurer votre code. Ce chapitre va aborder les vues du modèle MVC.

Les vues, dans le modèle MVC, correspondent à ce que l'utilisateur verra apparaître à l'écran. Il s'agit donc de pages web en HTML et en PHP. La construction d'une page HTML doit répondre à des normes pour être valide. Dans la programmation de pages web en PHP, la difficulté revient à gérer des contenus fixes et des contenus dynamiques. Il peut arriver que les mêmes contenus dynamiques se retrouvent dans plusieurs pages de votre site. L'enjeu est de ne pas dupliquer de code HTML ni de code PHP.

Dans le répertoire exemple_meteo\apps\meteo, vous pouvez retrouver les répertoires templates.

L'affichage des pages nécessite l'usage de templates. Il s'agit de morceaux de codes HTML ou PHP. Chaque application possède ses templates. Selon vos besoins, vous serez amenés à utiliser un ou plusieurs templates.

Symfony nativement n'utilise pas de moteur de templates comme Smarty, par exemple.

Pour afficher une page, deux cas de figure se présentent :

- Premier cas : on souhaite afficher la page d'une application associée à un modèle de données. C'est le cas par exemple de votre application **meteo**, qui se voit associée à votre table `BulletinMeteo`.
- Second cas : on envisage d'afficher une page, à qui éventuellement, on souhaite faire passer des paramètres, mais sans l'associer à un modèle de données. Par exemple, une page d'accueil pour l'application **meteo**. Vous pourrez passer, comme paramètre, la date courante et l'afficher dans un paragraphe de la page.

Dans ce chapitre, vous allez apprendre à afficher des pages et passer des paramètres de tout type.

Dans le chapitre Travailler avec les modèles, qui portera sur les modules, vous compléterez vos connaissances sur les vues en exploitant des données provenant d'une base de données.

Accédez à nouveau à l'application **meteo** en tapant l'adresse suivante dans un navigateur :

http://localhost:8080/meteo_dev.php
ou http://meteo.sitelocal/meteo_dev.php

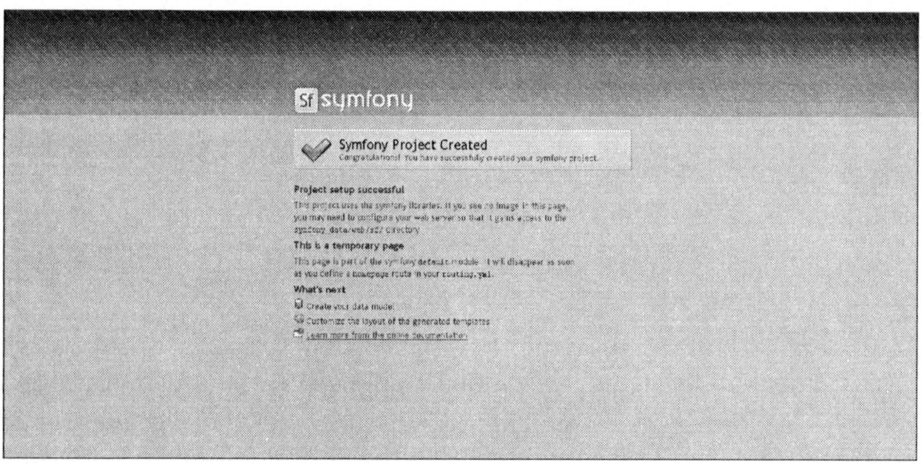

L'index de l'application meteo

Il s'agit de la page par défaut de Symfony. Votre application n'est pas encore prête à afficher ses propres pages. Vous allez d'abord voir comment organiser vos pages, puis plus tard vous saurez afficher votre première vue.

1.1 Les templates

Avant de rentrer dans le vif du sujet, revenons à la structure des dossiers de Symfony. Notre projet **Bulletin** possède maintenant une application générée en ligne de commande, nous avons donc cette architecture :

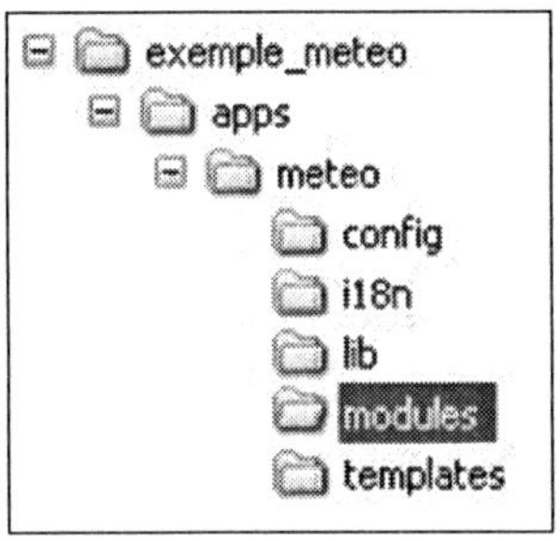

Architecture d'un projet

Le dossier "modules" de notre application ne contient rien pour le moment. Nous verrons plus loin comment associer à notre application un ou plusieurs modules.

Les exemples qui vont suivre sont très simples mais ils vous permettront de comprendre comment et quand utiliser les fonctions permettant l'affichage des pages de manière optimisée.

Vous allez afficher la météo du jour dans un tableau HTML. Ce tableau va contenir la date du jour, la prévision du jour et des deux jours précédents.

Le code HTML de notre tableau sera le suivant :

```
    Bienvenue sur le site de la météo de votre ville    <table>
        <tr>
        <td>21/03/10</td>
        <td>Température maximale:7°</td>

  </tr>
    <tr>
    <td>03/01/10</td>
    <td>test</td>

  </tr>
    <tr>
    <td>19/03/09</td>
    <td>Température maximale:8°</td>

  </tr>
  </table>
```

Le code ci-dessus ne contient que du code HTML. Dans les templates, vous pouvez ajouter du code PHP.

Voici ce à quoi pourrait ressembler votre futur template en gérant les parties dynamiques avec Symfony :

```
<?php
include_partial('bulletins',array("bulletinmeteos"=>$bulletinmeteos)); ?>
<?php //Mes Slots ?>
<?php slot('messageB',$messageBienvenue);?>
<?php slot('titrePge',$titrePge);?>
```

Les fonctions, comme *include_partial* et le passage de paramètres, seront expliquées plus loin, l'important étant que le code ci-dessus représente un template dans Symfony. Ce n'est pas suffisant pour afficher une page web complète. Il manque beaucoup de codes. Avant de vous dévoiler comment afficher une page dans son intégralité, nous allons vous montrer comment gérer des parties de pages.

Partial

Comme vous développez en PHP, vous devez avoir l'habitude d'inclure du code à l'intérieur d'autres codes. Dans Symfony, l'inclusion est réalisée grâce au helper *include_partial*. Il ressemble aux fonctions *include* ou *require*, que vous avez déjà dû utiliser. De plus, il permet le passage de paramètres, que l'on peut définir dans chaque template. Dans le template vu auparavant, vous avez pu apercevoir l'utilisation d'un partial.

```
<?php
include_partial('bulletins',array("bulletinmeteos"=>$bulletinmeteos)); ?>
```

Dans ce cas, vous passez comme paramètre un tableau de bulletins météo nommé bulletinmeteos.

Vous pouvez utiliser un partial sans passer de paramètres.

```
<?php include_partial(lienSuivantPrecedent'); ?>
```

Dans cet exemple, on demandera au helper d'afficher les liens correspondant à la météo du jour. Un partial se place dans le répertoire d'un template. Le nom donné au fichier doit respecter une certaine syntaxe.

Le partial sera préfixé par le symbole _ comme ceci *_monPartial.php*.

Dans le cas présent, le partial se trouve dans le module utilisé, il n'est donc pas nécessaire de préciser le module d'où il provient. Il est possible d'utiliser un partial provenant d'un autre module. Dans ce cas-là, on écrit :

```
<?php include_partial("chemin_du_module/monPartial") ; ?>
```

Le partial est très utile car il existe de nombreuses occasions, où l'on est amené à réutiliser une partie d'une vue dans une autre. Cela évite donc de recopier un code existant. C'est une bonne pratique de programmation.

Slot

À l'intérieur d'une page peuvent exister des zones susceptibles de varier en fonction du template utilisé. Par exemple, sur la page d'accueil, on peut afficher un message de bienvenue particulier et un autre sur la page où se trouvent les prévisions du jour. Il en va de même pour la page dédiée aux prévisionnistes.

Il existe, dans le framework, un système très intéressant à utiliser dans les templates. Il s'agit des slots.

Ils s'utilisent de la manière suivante. On définit un nom pour un slot et on place ce dernier dans une page comme ceci :

```
<?php include_slot('messageB');?>
```

Dans un template, on définit une valeur ainsi :

```
< ?php slot('messageB', sprintf(%s,$messageBienvenue) ; ?>
```

Pour plus de clarté, on peut aussi écrire :

```
<?php slot('messageB') ?>
< ?php echo sprintf(%s,$messageBienvenue) ; ?>
< ? end_slot() ; ?>
```

Dans les templates, les slots peuvent s'écrire n'importe où, et vous pouvez, pour plus de clarté, les rassembler et les commenter de cette manière :

```
<?php //Mes Slots ?>
<?php slot('messageB',$messageBienvenue);?>
<?php slot('titrePge',$titrePage);?>
```

Il a été mentionné que les slots s'utilisaient dans une page. Or vous n'avez vu jusque-là que des templates. Pour cela dans Symfony, on utilise un layout, une sorte de conteneur pour templates.

Pour appliquer nos slots dans un layout, la syntaxe est la suivante :

```
<?php include_slot('messageB');?>
```

Si l'on souhaite indiquer une valeur par défaut :

```
<php if ( !include_slot('messageB') : ?>
  Bienvenue
<?php endif; ?>
```

1.2 Les layouts

Vous avez terminé la section précédente par l'utilisation des slots dans les templates. Vous allez maintenant voir comment gérer ces derniers.

Les templates, dans Symfony, sont des morceaux de HTML ou de PHP, qui pourraient être disséminés un peu partout dans le système. Libre au développeur de s'assurer que ces pages sont valides au niveau du HTML. Afin de faciliter le travail du développeur, Symfony possède un système appelé layout.

Le but est de posséder une page valide au niveau HTML, qui contient des templates. Ainsi, si le validateur que vous utilisez détecte des anomalies, il vous est facile de retrouver le template qui pose problème. Votre code est mieux structuré. Le designer peut travailler sur des morceaux de la page.

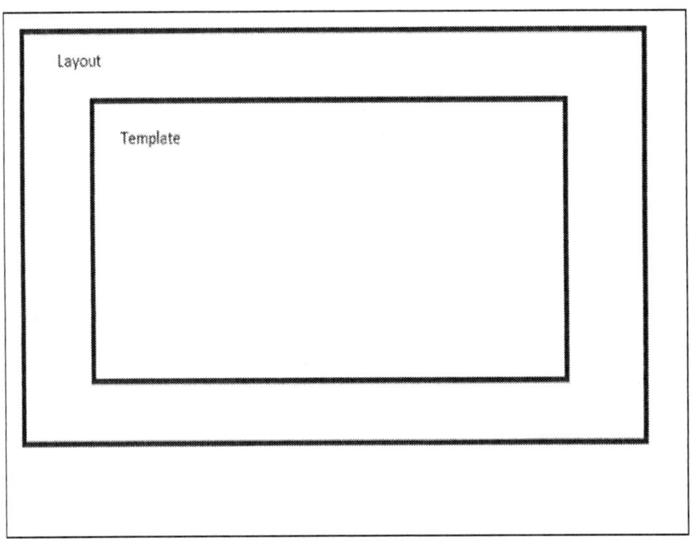

Les pages sous Symfony

Voici une liste non exhaustive de ce que peut contenir le layout :
- les feuilles de style
- les balises metas
- la DTD
- les appels aux fichiers JavaScript
- le Favicon
- le titre de la page
- le footer

Remarque

Dans Symfony, de nombreux modèles de conception aussi appelés design pattern sont utilisés. Ici c'est le motif décorateur qui est employé.

Le layout est généré en même temps que l'application. On le retrouve dans le répertoire apps\application\templates. Ci-dessous, voici le layout qui affiche nos tableaux dans l'application **meteo**, on les trouve dans le répertoire apps\meteo\templates.

```
<!DOCTYPE html PUBLIC "-//W3C//DTD XHTML 1.0 Transitional//EN"
"http://www.w3.org/TR/xhtml1/DTD/xhtml1-transitional.dtd">
<html xmlns="http://www.w3.org/1999/xhtml" xml:lang="en" lang="en">
  <head>
    <?php include_http_metas() ?>
    <?php include_metas() ?>
    <title>La météo dans ma ville</title>
    <link rel="shortcut icon" href="/favicon.ico" />
    <?php include_stylesheets() ?>
    <?php include_javascripts() ?>
  </head>
  <body>
    <?php include_slot('messageB');?>
    <?php echo $sf_content ?>
  </body>
</html>
```

Le titre dans le code ci-dessus contient une balise *<title>*. La valeur de cette balise est fixe. En fonction du template que l'on souhaite afficher, il serait utile de pouvoir avoir un titre différent. Pour réaliser cela, vous pouvez utiliser les slots que vous avez découverts quelques lignes plus haut.

Le slot dans le layout s'écrira ainsi :

```
<title><?php include_slot('titrePge');?></title>
```

Et dans le template :

```
<?php slot('titrePge',$titrePage);?>
```

Ici votre page est vraiment simple. Dans des pages beaucoup plus compliquées, l'utilisation de layouts, de templates, de partials et de slots clarifie grandement le code HTML et PHP.

Le CSS

Les feuilles de style peuvent être définies dans un fichier de configuration : \apps\meteo\config\view.yml.

Bien que vous n'ayez pas encore vu ce que sont les fichiers YAML, vous vous apercevez qu'une ligne désigne les feuilles de style :

```
stylesheets:    [main.css]
```

Le fichier main.css se trouve dans le répertoire exemple_meteo\web\css. Ajoutez un fichier que vous allez nommer meteo.css dans ce répertoire. Il existe plusieurs moyens de spécifier que ce fichier sera utilisé dans le layout. Vous pouvez éditer un fichier de configuration comme \apps\meteo\config\view.yml.

Modifiez cette ligne pour utiliser votre feuille de style à la place de main.css :

```
stylesheets:    [meteo.css]
```

Si vous lancez la page, en regardant le code source de la page générée, vous retrouvez ces lignes :

```
<link rel="stylesheet" type="text/css" media="screen"
href="/css/meteo.css" />
<link rel="stylesheet" type="text/css" media="screen"
href="/sf/sf_default/css/screen.css" />
```

La feuille de style screen.css est celle de la page par défaut de Symfony.

Pour utiliser plusieurs feuilles de style, configurez le fichier \apps\meteo\config\view.yml.

Par exemple, pour utiliser main.css et meteo.css conjointement, écrivez :

```
stylesheets:     [meteo.css,meteo.css]
```

À l'intérieur du layout, c'est grâce au helper include_stylessheets() que l'on va appeler notre feuille de style.

```
    <?php include_stylesheets() ?>
```

Il est aussi possible de spécifier une feuille de style, sans passer par le fichier de configuration. Pour cela, il existe un helper qui s'utilise comme ceci dans un template :

```
<?php use_stylesheet('main.css') ?>
```

Vous pouvez choisir l'une ou l'autre des méthodes.

Sachez que le helper use_stylesheet peut s'utiliser dans un contexte dynamique. Si vous souhaitez utiliser une feuille de style paramétrable par template par exemple, vous devez employer alors le helper comme ceci :

```
<?php use_stylesheet($css) ?>
```

De la même manière, les balises `<meta>`, la balise `<title>`, peuvent être gérées avec des helpers.

```
    <?php include_http_metas() ?>
    <?php include_metas() ?>
    <?php include_title() ?>
```

Les helpers, qui commencent par *include*, récupèrent et affichent un morceau de code. Pour quasiment tous ces helpers, il existe un helper commençant par *get*, qui, lui, récupère un morceau de code uniquement.

```
    <?php include_stylesheets() ?>
    <?php echo get_stylesheets() ?>
```

Les deux lignes de code ci-dessus sont équivalentes.

Favicon

Comme pour les feuilles de style, le Favicon d'un site peut être géré par Symfony.

Vous allez ajouter à votre application meteo, un Favicon qui va servir dans les signets des navigateurs des visiteurs de votre site. Le Favicon est défini directement dans le layout. Pour créer un Favicon, créez le répertoire exemple_meteo\web\favicon et placez-y l'image de votre Favicon.

Dans le layout, spécifiez votre Favicon comme ceci :

```
<link rel="shortcut icon" href="/favicon/favicon.png" />
```

JavaScript

Comme pour le CSS, vous pouvez utiliser le fichier de configuration \apps\meteo\config\view.yml.

Si vous souhaitez utiliser un fichier JavaScript, vous devez renseigner le fichier comme ci-dessous :

```
javascripts:    [jquery.js]
```

Remarque

*Il est possible d'utiliser le helper **use_javascript**.*

1.3 Les modules

Voyons maintenant un des mécanismes important de Symfony. Lorsque l'on veut afficher une page, on passe par le module. Le module contient une classe `actions`. La classe possède des méthodes qui vont permettre l'affichage de telle ou telle page. Sans entrer dans les détails, prenons un module home.

On associe, à la page index.php, la méthode *`executeIndex(sfWebRequest $request)`* de la classe *`actions.class`*. Cette méthode s'occupera du traitement du template indexSuccess.php.

La syntaxe à connaître est la suivante :

Méthode dans la classe *action* :

execute**NomDeMontemplate**

Vous devez préfixer le nom de la méthode par *execute*.

Nom du template

NomDeMontemplateSuccess.php

Le template se nomme comme la méthode, sans le préfixe *execute*, mais avec le suffixe *Success*.

Voici ci-dessous un exemple d'une classe *action* :

```
<?php

/**
 * moduleExemple actions.
 *
 * @package    bulletin
 * @subpackage moduleExemple
 * @author     Your name here
 * @version    SVN: $Id: actions.class.php 23810 2009-11-12
11:07:44Z Kris.Wallsmith $
 */
Class homeActions extends sfActions
{
 /**
  * Executes index action
  *
  * @param sfRequest $request A request object
  */
  public function executeIndex(sfWebRequest $request)
  {
    $this->forward('default', 'module');
  }
}
```

Il s'agit en fait du code d'une classe, tel qu'on peut le trouver après la génération d'un module. La méthode *executeIndex* redirige vers la page par défaut de Symfony.

La méthode *forward* redirige vers une méthode d'une autre classe. Dans le code ci-dessus, la redirection est faite vers la méthode *executeModule* de la classe *default*, qui se trouve dans le répertoire : exemple_meteo\lib\vendor\sf\lib\controller\default\actions.

La redirection s'effectue en passant d'une classe à une autre, il n'y a pas eu d'envoi de requêtes HTTP.

Il existe une autre manière d'effectuer une redirection : il s'agit de la méthode *redirect* qui, elle, au contraire va générer une requête HTTP :

```
$this->redirect('default');
```

La génération d'un module passe par la ligne de commande. La classe *homeActions*, montrée en exemple, a été générée en ligne de commande. Les prochaines sections vont vous indiquer comment ajouter un module à votre application.

1.3.1 Travailler avec un module vierge

Dans un premier temps, vous allez créer un module vierge. C'est-à-dire que nous n'allons pas lui associer un modèle de données, ni un système **CRUD**. Lors de ce chapitre, vous allez apprendre différentes techniques au travers d'exemples simples. Vous allez utiliser le projet **Bulletin** comme support. Ce projet sera une sorte de laboratoire où vous pourrez explorer les subtilités du framework Symfony.

Vous allez créer un module *exercice*, qui va servir de module d'entraînement. Ce module, comme les projets et les applications, sera généré en ligne de commande.

Le module *home* appartiendra à l'application **météo**.

Pour votre application **météo**, tapez :

```
php symfony generate:module meteo exercice
```

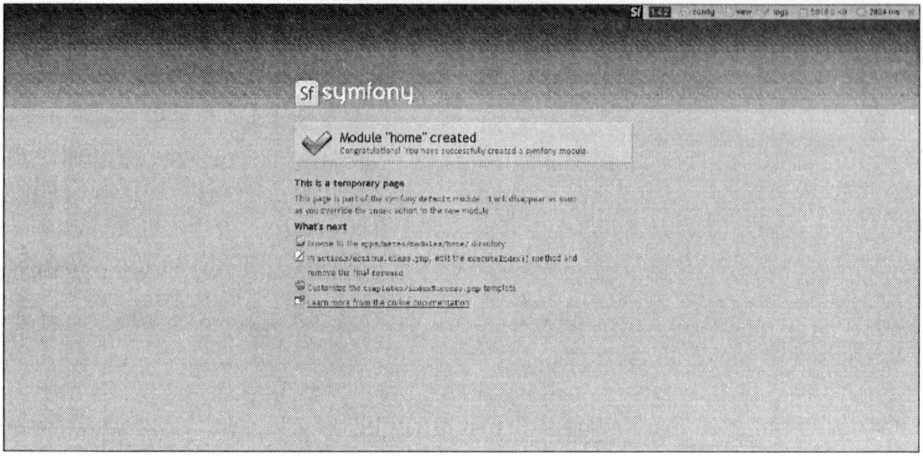

Un module généré

Par défaut, la page d'index de votre module est une page de Symfony, vous assurant que le module a bien été généré.

Il est indiqué aussi, sur la page, la marche à suivre, pour s'approprier le module, c'est-à-dire éditer le fichier apps/meteo/modules/home/index-Success.php en commençant par supprimer la ligne suivante :

```
$this->forward('default', 'module');
```

Vous voilà prêt à programmer vos premières méthodes. Vous avez appris à utiliser les vues. Vous êtes opérationnel maintenant pour travailler avec les contrôleurs.

1.3.2 Passer des paramètres

Passer des paramètres depuis un contrôleur

La vue va simplement se contenter d'afficher des pages. Au niveau du contrôleur, vous allez indiquer ce que la vue doit afficher. Pour commencer, vous allez passer des variables aux templates. Dans l'exemple que l'on suit depuis le début, nous allons passer un message de bienvenue et la date du jour.

Une variable simple

Dans notre classe *action*, nous pouvons définir des variables. Pour passer ces variables aux templates, nous opérons comme ceci :

```
  public function executeIndex(sfWebRequest $request)
  {
$this->messageBienvenue = "Bienvenue sur la météo de votre Ville
Nous sommes le ".date('d/m/Y');
}
```

Remarque

Notez que dans notre classe, la variable à passer s'écrit $this->mavariable.

Pour afficher la variable dans notre template indexSuccess.php :

```
<?php echo $messageBienvenue; ?>
```

Remarque

Dans le template on utilisera $mavariable.

Mais nous avons vu qu'il est plus avantageux d'utiliser un slot, donc vous pouvez écrire :

```
<?php slot('messageB',$messageBienvenue);?>
```

Un tableau

Vous pouvez passer à la vue depuis le contrôleur des tableaux, par exemple, si nous souhaitons passer un tableau composé de noms de météorologues :

```
public function executeIndex(sfWebRequest $request)
  {
  $this->meteorologues = array('Pierre Durand', 'Jean Perret',
'Sophie Dupont', 'Silvie Durand');



  }
```

Dans le template correspondant, vous pouvez écrire :

```
<div style="margin-left:auto; margin-right:auto; width:55%;
font-size:small; padding:5px">
  <h3>Météorologues</h3>
```

```
  <ul>
    <?php foreach($meteorologues as $unMeteorologue): ?>
      <li style="display:inline"><?php echo $unMeteorologue; ?>, </li>
    <?php endforeach;?>
  </ul>
</div>
```

Mais comme vous l'avez appris, il vaut mieux utiliser un partial, pour clarifier le code. Ce partial portera donc le nom *_meteorologues.php* et contiendra le code précédent. Dans le template, on remplacera le code précédent par :

```
<?php include_partial('meteorologues',array('meteorologues'=>
$meteorologues)); ?>
```

Passer des paramètres depuis un formulaire

Vous souhaitez, depuis un template, exécuter du code après la soumission d'un formulaire. Dans notre exemple d'application **météo**, vous allez ajouter un formulaire contenant une liste déroulante pour le moment, dans le template indexSuccess.php.

```
<table cellspacing="1" cellpadding="0" border="0" class="tableborder"
style="width: 60%; height:60px" >
  <tbody>
    <tr>
      <th>Navigation rapide</th>
    </tr>
    <tr>
    <td align="center">
      <form action="<?php echo url_for(exercice/selection');?>"
method="post">
      <select name="dateMeteo">
        <option value="2010-03-21">Lundi 21/03/2010</option>
        <option value="2010-03-22">Mardi 22/03/2010</option>
        <option value="2010-03-23">Mercredi 23/03/2010</option>
      </select>
      <input type="Submit" Value="Voir">

      </form>
    </td>
    </tr>
  </tbody>
</table>
```

Vous souhaitez que l'action du formulaire pointe vers une méthode de votre contrôleur. Ajoutez donc une nouvelle méthode à la classe *homeActions*. Cette méthode ne fera qu'une affectation de la variable postée. Il faut donc créer le template correspondant aussi.

Voici le code pour la méthode :

```
public function executeSelection(sfWebRequest $request)
{
   $this->dateMeteo = $request->getParameter('dateMeteo');
}
```

Dans le template selectionSuccess.php, vous faites en sorte d'afficher la variable comme ceci :

```
<?php echo $dateMeteo;?>
```

Vous venez donc d'utiliser la méthode *getParameter*. Cette méthode appartient à la classe *sfWebRequest*. Elle permet de récupérer des variables transmises par *POST* ou par *GET*. Pour vous en convaincre, dans le template indexSuccess.php, ajoutez ce lien à la fin :

```
<a href="<?php echo url_for('exercice/selection?testGet=314');?>
">test get</>
```

Pour indiquer l'adresse de la méthode selection, vous utilisez la méthode *url_for*, comme dans le formulaire vu auparavant.

Créez la méthode *executeTestGet* :

```
public function executeTestGet(sfWebRequest $request)
{
   $this->testGet = $request->getParameter('testGet');

}
```

jQuery

jQuery est un des frameworks JavaScript les plus utilisés actuellement. Pour ceux d'entre vous qui ne connaissent pas ces outils, nous pourrions dire que ces frameworks regroupent la majorité des codes nécessaires, pour gérer l'interactivité côté client d'une page web. Il est possible d'ajouter à ces bibliothèques, d'autres fonctionnalités (comme la validation de données, les calendriers, les tableaux enrichis).

Vous utilisez sans doute l'AJAX (*Asynchronous JavaScript and XML*). Symfony permet de discerner si une requête est une requête XMLHttpRequest ou non. Ceci est bien pratique, lorsqu'on souhaite gérer le fait que l'utilisateur a désactivé le JavaScript de son navigateur.

Supposons que vous ayez placé une liste déroulante qui, si le JavaScript est activé, va envoyer une requête XMLHttpRequest vers le serveur. Si le JavaScript n'est pas activé, un bouton submit apparaît alors.

Modifiez le code du template indexSuccess.php en ajoutant la balise `noscript` :

```
<noscript>
 <input type="Submit" Value="Voir">
</noscript>
```

Pour gérer l'action du formulaire, vous avez déjà créé auparavant une méthode `executeSelection`.

Vous allez la modifier comme ceci :

```
public function executeSelection(sfWebRequest $request)
{
   if($request->isXmlHttpRequest())
   $this->dateMeteo = $request->getParameter('dateMeteo')." Par Ajax";
   else
   $this->dateMeteo = $request->getParameter('dateMeteo')."
   Par HTTP Classique";
   $this->testGet = $request->getParameter('testGet');
}
```

Deux possibilités cohabitent dans votre code pour réaliser votre action.

Soit la requête est envoyée par AJAX, soit elle est envoyée par HTTP classique. Pour que le code fonctionne, vous devez ajouter un fichier ajaxTest.js dans le répertoire js et inclure ce fichier dans le layout.

Pour inclure le fichier, il existe un helper identique à `use_stylesheet` à utiliser dans le layout de l'application :

```
<?php use_javascript(jquery.js') ?>
<?php use_javascript('testAjax.js') ?>
    <?php include_javascripts() ?>
```

Le fichier testAjax.js ressemble à ceci :

```
$(document).ready(function(){
    $("#dateMeteo").click( function() {
      $.post( $("#formDateMeteo").attr("action"),
{dateMeteo:$("#dateMeteo").attr("value") },
function(data){ // on envoie la valeur du champ texte dans la
variable post queryString au fichier ajax.php
      $('#selection').html(data);
      });
    });
});
```

Ce script utilise la bibliothèque *jquery*. Il faut télécharger la bibliothèque sur http://docs.jquery.com/Downloading_jQuery et placer le fichier jquery.js dans le répertoire exemple_meteo\web\js, où se trouve déjà testAjax.js.

Quand un utilisateur va cliquer sur le menu déroulant, la valeur du champ sélectionné va s'afficher en bas de la page.

Ajouter cette ligne au template :

```
<div id="selection"> </div>
```

2. Utiliser les sessions

Les sessions

Symfony possède un système de gestion de session. Pour profiter de ce système, vous devez utiliser l'objet *sfUser*.

Pour illustrer le fonctionnement des sessions, vous allez reprendre votre classe *homeActions* et modifier le code pour afficher la dernière date choisie par l'utilisateur, s'il en a choisi une.

```
public function executeSelection(sfWebRequest $request)
{
    if($request->isXmlHttpRequest())
    $this->dateMeteo = $request->getParameter('dateMeteo')." Par Ajax";
    else
    $this->dateMeteo = $request->getParameter('dateMeteo')."
Par HTTP Classique";
    $this->testGet = $request->getParameter('testGet');

    $this->getUser()->setAttribute('DateSelection',$this->dateMeteo);
    $this->getUser()->setFlash('saisieMeteo',$this->dateMeteo);

}
```

Quand l'utilisateur a sélectionné une date puis a cliqué sur "envoyer", on enregistre son choix dans une session grâce à la méthode *setAttribute*, dont le premier paramètre est le nom de la variable de session et le second la valeur.

```
$this->getUser()->setAttribute('DateSelection',$this->dateMeteo);
```

Quand on revient sur la page index, on peut afficher la variable de session avec la méthode *getAttribute*, qui prend en premier paramètre le nom de la variable de session et en second une valeur par défaut.

Vous pouvez ajouter à la méthode *executeIndex* ce code :

```
$this->derniereDate = $this->getUser()->getAttribute('DateSelection');
```

Les deux méthodes appartiennent à la classe *sfUser*. Pour supprimer une variable de session, il faut utiliser un objet de la classe *sfUser*, qui possède une méthode *remove*, ce qui donne :

```
$this->getUser()->getAttributeHolder()->remove('DateSelection',$this->
dateMeteo);
```

Les messages Flash

Symfony permet de gérer des sessions, qui sont détruites après utilisation. Cela permet par exemple d'indiquer à l'utilisateur, si une action s'est bien déroulée. Ces sessions sont appelées message Flash.

Pour les créer, vous devez utiliser la méthode *setFlash* qui utilise, comme premier paramètre, le nom de la variable de session et comme second paramètre, le corps du message à afficher.

```
        $this->getUser()->setFlash('saisieMeteo',$this->dateMeteo);
```

Pour afficher le message Flash, il faut utiliser la méthode *getFlash*, qui prend en paramètre la variable de session.

Par exemple dans les vues, vous pouvez afficher des messages Flash, s'ils existent, de la manière suivante :

```
<?php if ($sf_user->hasFlash('saisieMeteo')): ?>
<div id="message"><?php echo $sf_user->getFlash('saisieMeteo'); ?></div>
<?php endif; ?>
```

La méthode *hasFlash* teste si la variable, passée en paramètre, existe ou a une valeur.

Dans ce chapitre, vous avez pu apprendre davantage sur la programmation avec Symfony. Le chapitre suivant va vous montrer comme utiliser le langage YAML. Puis dans le chapitre Travailler avec les modèles vous utiliserez cette fois des modules CRUD.

Chapitre 4
Comprendre le format YAML

1. Qu'est-ce que YAML ?

L'objectif de ce chapitre est de vous permettre de maîtriser un langage de description, souvent utilisé dans Symfony pour gérer différentes configurations.

YAML a été créé par Clark Evans, Brian Ingerson et Oren Ben-Kiki. YAML, pour YAML Ain't Another Markup Langage, pourrait se traduire par : YAML n'est pas encore un nouveau langage de balisage. C'est un langage qui s'inspire de XML, mais qui s'avère beaucoup plus simple à appréhender.

Par exemple, la ligne suivante représente une donnée de type chaîne de caractères :

```
MaDonnetexte:    'Une ligne de Texte'
```

Pour gérer ce langage, il existe un module PHP du nom de spyc. Pour plus d'informations, consultez le site : http://code.google.com/p/spyc/

Symfony propose lui une bibliothèque, qui parse et convertit, en tableau PHP, les données YAML et vice versa.

Vous allez utiliser cette bibliothèque, afin de voir comment fonctionne le langage YAML et comment PHP parse ce langage.

Comme vous le savez, Symfony utilise ce langage pour les configurations. Connaître ce langage vous fera donc avancer dans la connaissance du framework.

Pour ne pas oublier ce qui a été appris dans le chapitre précédent, vous allez créer dans le module home, dans la classe `Homeaction.class`, une méthode `executeTestyaml` comme ceci :

```
public function executeTestyaml(sfWebRequest $request)
  {

  }
```

Dans cette méthode, vous allez tester, grâce à la bibliothèque `sfYaml`, la syntaxe de YAML.

Pour afficher ce que la bibliothèque aura parsé, vous allez créer le template `testyamlSuccess`, qui va afficher vos résultats sous forme d'une liste.

La bibliothèque `sfYaml` possède une méthode `load`, qui peut utiliser comme paramètre soit le chemin d'un fichier YAML, soit une chaîne de caractères représentant une syntaxe YAML. À la fin de ce chapitre, vous trouverez le code pour utiliser les syntaxes du langage YAML et voir les résultats parsés en PHP.

2. Ce qu'il faut savoir sur YAML

YAML est facile à apprendre et à utiliser. Le langage utilise l'indentation pour décrire certaines données, par exemple, lorsque le langage décrit des associations.

Remarque

Il est important de savoir que l'on ne doit pas utiliser de tabulation dans un fichier YAML.

Si vous utilisez un éditeur de texte comme Geany ou Notepad++, la coloration syntaxique vous rappellera que la tabulation est proscrite avec ce langage. Avec Notepad++, par exemple, le mot précédé d'une tabulation aura la couleur rouge.

3. Les données scalaires

3.1 Les chaînes de caractères

Comme nous l'avons vu, une chaîne de caractères se représente avec une chaîne de caractères, entourée d'apostrophes comme ceci :

Par exemple :

```
'Une chaîne '
```

Quand une chaîne de caractères comporte déjà des apostrophes, pour que le langage comprenne que vous souhaitez afficher une apostrophe, il faut doubler cette dernière.

Par exemple :

```
' C''est une chaîne, il s''avère utile de doubler les '' '
```

Les caractères d'échappement comme \n ou \r ne sont pas gérés, si vous employez des apostrophes autour de votre chaîne de caractères. Utilisez plutôt, dans ce cas-là, des guillemets.

Par exemple :

```
"Je suis une chaîne qui contient des \n et des \r"
```

Si vous voulez décrire des données sur plusieurs lignes, vous pouvez utiliser le caractère pipe |. Les retours à la ligne seront conservés.

Par exemple :

```
|
    **********Y
     *******A
       ****M
        **L
```

Si vous souhaitez au contraire obtenir une seule ligne à partir d'une chaîne de caractères longue sur plusieurs lignes, les retours à la ligne seront remplacés par des espaces. Débutez alors la donnée à décrire par le signe supérieur >.

Par exemple :

```
>
 Je suis une chaîne longue
 Sur plusieurs
 Lignes.
 Sur plusieurs
 Lignes.
 Sur plusieurs
 Lignes.
```

3.2 Les entiers

Il n'y a rien de particulier à dire concernant la représentation d'un entier en YAML. Il suffit tout simplement d'écrire l'entier.

Par exemple :

```
5
```

3.3 Les décimaux

Pour les valeurs décimales, on utilise le point comme séparateur.

Par exemple :

```
3.14
```

3.4 Les exponentiels

Pour décrire des nombres exponentiels, vous devez opérer de la manière suivante :

```
10e+34
11e-33
```

3.5 Les hexadécimaux

Les valeurs hexadécimales, comme CC, s'écriront préfixées par 0x.

Par exemple :

```
0xCC
```

3.6 Les octaux

Les valeurs octales s'écriront, elles, préfixées par 0.

Par exemple :

```
0155
```

3.7 Les valeurs nulles

Les valeurs nulles sont exprimées soit par null soit par le tilde ~.

Par exemple :

```
~
null
```

3.8 Les valeurs booléennes

Les valeurs booléennes sont décrites par true ou false. Avant la version 1.2 de Symfony, il était aussi possible d'utiliser on et off, et yes et no. Aujourd'hui, prenez la bonne habitude de n'utiliser que true ou false.

3.9 Les dates

YAML décrit les dates selon le format ISO 8601.

Par exemple une date longue :

```
2009-02-21T09:00:00Z
```

Remarque

Le T permet de séparer la date de l'heure.

Par exemple une date courte :

```
2010-01-14
```

4. Les collections

4.1 Les séquences

Quand vous voulez décrire une séquence, utilisez un tiret suivi d'un espace pour décrire un élément de votre séquence comme ci-dessous.

Exemple :

```
- Printemps
- Eté
- Automne
- Hiver
```

Il est aussi possible de décrire une séquence entre crochets avec des valeurs séparées par des virgules.

Exemple :

```
[Printemps,Eté,Automne,Hiver]
```

4.2 Les associations

Dans une association, on fait correspondre une clé à sa valeur, par exemple un mot et sa traduction. La clé sera suivie du caractère : et d'au moins un espace.

Par exemple :

```
Eau: Water
Pomme: Apple
Vin:          Wine
```

Les associations peuvent s'imbriquer. Pour cela, on utilise l'indentation, non pas avec des tabulations mais avec un ou plusieurs espaces.

Par exemple :

```
'Eau':
  Magnésium: 10.2
  Potassium: 1.3
  Calcium: 15.6
```

Il est aussi possible de décrire une association entre accolades, avec des paires clé/valeur séparées par des virgules.

```
{eau: Water, Pomme: Apple, Vin: Wine}
```

On peut combiner aussi des séquences et des associations.

Par exemple :

```
'Fruit':
  - Pommes
  - Oranges
```

Ou bien comme ceci :

```
'Fruits': [Pommes, Oranges]
'Fruits': { Pommes, Oranges, Tomates}
```

Vous avez vu comment fonctionne le langage XAML. Comme indiqué au début du chapitre, il est possible, avec la bibliothèque *sfYAml*, de parser du code YAML. Vous avez commencé à mettre en place un contrôleur et un template, pour tester cette bibliothèque. Voici le code qui permet de parser et afficher le YAML :

Le code pour la classe *homeActions* :

```
public function executeTestyaml(sfWebRequest $request)
  {
    $this->ChaineSimple = "'Une chaîne de caractères'";
  $this->yamlChaineSimple = sfYaml::load($this->ChaineSimple);
  $this->ChaineAvecQuotes = "'c''est une chaîne, il s''avère utile de
doubler les '' '";
  $this->yamlChaineAvecQuotes = sfYaml::load($this->ChaineAvecQuotes);
  $this->Entier = "9";
  $this->yamlEntier = sfYaml::load($this->Entier);
  $this->Octal = "0155";
  $this->yamlOctal = sfYaml::load($this->Octal);
```

```
   $this->Hexa = "0xCC";
   $this->yamlHexa= sfYaml::load($this->Hexa);
   $this->Exponentiel = "9e-35";
   $this->yamlExponentiel = sfYaml::load($this->Exponentiel);
   $this->NullVal = '~';
   $this->yamlNullVal = sfYaml::load($this->NullVal);
   $this->DateLongue = '2009-02-21T09:00:00Z';
   $this->yamlDateLongue = sfYaml::load($this->DateLongue);
   $this->DateCourte = '2010-01-14';
   $this->yamlDateCourte = sfYaml::load($this->DateCourte);
   $this->Sequence = '[Printemps,Eté,Automne,Hiver]';
   $this->yamlSequence= sfYaml::load($this->Sequence);
   $this->Association = '{Eau: Water}';
   $this->yamlAssociation= sfYaml::load($this->Association);
   $this->AssociationImbrique = "'Eau': {'Magnesium': 2.22}";
   $this->yamlAssociationImbrique= sfYaml::load($this->
AssociationImbrique);
   $this->MixAssociation = '{Eau: [H,O,O]}';
   $this->yamlMixAssociation= sfYaml::load($this->MixAssociation);
   }
```

Le code pour le template home\templates\testyamlSuccess.php :

```
<ul>
<li>
<?php echo $ChaineSimple; ?> en YAML résultat en php :
<?php print_r($yamlChaineSimple); ?>
</li>

<li>
 <?php echo $ChaineAvecQuotes; ?> en YAML résultat en php :
<?php print_r($yamlChaîneAvecQuotes); ?>
</li>

<li>
 <?php echo $ChaineMultiligne; ?> en YAML résultat en php :
 <pre>
<?php print_r($yamlChaîneMultiligne); ?>
</pre>
</li>

<li>
 <?php echo $Entier; ?> en YAML résultat en php :
<?php echo  $yamlEntier; ?>
</li>


<li>
 <?php echo $Octal; ?> en YAML résultat en php :
<?php echo var_dump($yamlOctal); ?>
</li>
```

```
<li>
 <?php echo $Hexa; ?> en YAML résultat en php :
<?php var_dump($yamlHexa); ?>
</li>

<li>
 <?php echo $Exponentiel; ?> en YAML résultat en php :
<?php var_dump($yamlExponentiel); ?>
</li>

<li>
 <?php echo $NullVal; ?> en YAML résultat en php :
<?php var_dump($yamlNullVal); ?>
</li>

<li>
 <?php echo $DateLongue; ?> en YAML résultat en php :
<?php var_dump($yamlDateLongue); ?>
</li>

<li>
 <?php echo $DateCourte; ?> en YAML résultat en php :
<?php var_dump($yamlDateCourte); ?>
</li>

<li>
 <?php echo $Sequence; ?> en YAML résultat en php :
 <pre>
<?php print_r($yamlSequence); ?>
</pre>
</li>

<li>
 <?php echo $Association; ?> en YAML résultat en php :
 <pre>
<?php print_r($yamlAssociation); ?>
</pre>
</li>

<li>
 <?php echo $AssociationImbrique; ?> en YAML résultat en php :
 <pre>
<?php print_r($yamlAssociationImbrique); ?>
</pre>
</li>

<li>
 <?php echo $MixAssociation; ?> en YAML résultat en php :
 <pre>
<?php print_r($yamlMixAssociation); ?>
```

```
</pre>
</li>


</ul>
```

Voici un extrait de ce que le navigateur affichera :

- 'Une chaîne de caractères' en YAML résultat en php : Une chaîne de caractères.
- 'c''est une chaîne, il s''avère utile de doubler les '' ' en YAML résultat en php : c'est une chaîne, il s'avère utile de doubler les '.
- 9 en YAML résultat en php : 9.
- 0155 en YAML résultat en php : int(109).
- 0xCC en YAML résultat en php : int(204).
- 9e-35 en YAML résultat en php : float(9.0E-35).
- ~ en YAML résultat en php : NULL.
- 2010-01-1Tt20:59:43.11-05:00 en YAML résultat en php : int(1263520783).
- 2010-01-14 en YAML résultat en php : int(1263427200).
- {Eau: [H,O,O]} en YAML résultat en php :

  Eau => Array
  (
  [0] => H
  [1] => O
  [2] => O)

Vous avez, dans ce chapitre, appris à utiliser le langage YAML. Il vous sera très utile, car la majorité des fichiers de configuration de Symfony sont en YAML.

En apprenant à utiliser la bibliothèque `sfYaml`, vous êtes prêt à manier conjointement les langages PHP et YAML.

Chapitre 5
Travailler avec les modèles

1. Le modèle dans Symfony

Vous avez auparavant créé un modèle, auquel vous avez associé un template ; ce qui vous a familiarisé avec le code de Symfony. Vous allez, dans ce chapitre, associer à un module un modèle des données. Le projet **Bulletin** va bénéficier d'un nouveau module. Ce module sera un moduleCRUD. Il permettra d'ajouter, de modifier ou de supprimer des prévisions météo. Vous apprendrez à configurer Symfony, pour que ce dernier utilise votre base de données. Vous utiliserez un jeu de données pour alimenter la base et vous faire une idée du rendu du site. En fin de chapitre, vous aurez les connaissances nécessaires pour afficher les pages des visiteurs du site, tel que cela avait été défini précédemment.

ORM (Object-Relational Mapping)

L'ORM, *Object-Relational Mapping,* que l'on traduit par mappage d'objets relationnels, permet de manipuler les tables d'une base de données comme des objets. Il est possible d'ajouter, de modifier ou de supprimer des données, par exemple sans taper de code SQL. Tout se passe au niveau de la programmation. Vous n'avez pas à vous soucier de la base de données et vous vous concentrez sur votre code.

2. Doctrine et Propel

Symfony permet l'utilisation des deux ORM Propel et Doctrine. Propel est plus ancien. Doctrine est aujourd'hui beaucoup plus utilisé par les développeurs Symfony. Les développeurs de Doctrine et de Symfony travaillent ensemble, c'est pourquoi nous parlons, dans ce livre, de Doctrine essentiellement.

Il vous sera possible de changer la base de données de votre logiciel. Par exemple, vous pouvez passer d'une base MySQL à Oracle. Pour cela une simple modification dans un fichier de configuration sera nécessaire. Vous connaissez certainement PDO (*PHP Data Objects*) qui permet d'accéder à différents systèmes de gestion de bases de données. PDO est utilisé par Symfony. Mais avec PDO, il faut écrire soi-même ses requêtes. Doctrine, lui, convertit les requêtes pour qu'elles s'adaptent à tout système.

Doctrine supporte les bases de données compatibles avec PDO comme :
- MySQL
- PostgreSQL
- SQLite
- Oracle
- Microsoft SQL Server
- Sybase
- IBM Db2
- IBM Informix

3. Configurer une base de données

Comme dans tout projet PHP, fonctionnant avec une base de données, la configuration est un passage obligatoire. Là encore, c'est grâce à une commande que vous pourrez réaliser la configuration.

Vous avez une table *Bulletinmeteo* qui possède 3 champs :

Table Bulletinmeteo

Champ de la table	Description	Type
Id_bulletin	Clé Primaire de la table	INTEGER
texte_bulletin	Contient le texte du bulletin météo	TEXT
date_bulletin	Contient la date de la prévision	TIMESTAMP

Utilisez votre interface habituelle pour créer une base de données, que vous appellerez **BaseBulletinMeteo**. Si vous utilisez Wamp sous Windows, vous pouvez par exemple utiliser phpMyAdmin. Sous Linux, vous pouvez aussi utiliser ce logiciel de gestion de base de données pour MySQL.

Vous pouvez alors configurer Symfony avec les paramètres de votre base.

- Tapez cette commande en remplaçant *monserveur*, *BaseBulletin-Meteo*, *monlogin*, *monmotdepasse* par les coordonnées correspondant à votre serveur de bases de données.

```
php symfony configure:database "mysql:host=monserveur;d
bname=BaseBulletinMeteo" monlogin monmotdepasse
```

La commande a généré le fichier exemple_meteo\config\doctrine\database.yml.

Vous pouvez donc modifier à souhait ce fichier de configuration.

```
all:
  doctrine:
    class: sfDoctrineDatabase
    param:
      dsn: 'mysql:host=localhost;dbname=basebulletinmeteo'
      username: monlogin
      password: monmotdepasse
```

Remarque

Si vous omettez de mentionner votre mot de passe, le système indiquera password : null.

4. Le fichier schema.yml

Le fichier schema.yml est la représentation de votre base de données au format YAML. Vous pouvez, à partir de ce fichier texte, définir toutes les tables de votre base de données et inclure les contraintes entre les tables également.

Si vous possédez déjà une base de données, vous pouvez réaliser l'opération inverse, c'est-à-dire générer le fichier schema.yml à partir de votre base de données.

- Pour bien comprendre, vous allez essayer les deux méthodes, en commençant par utiliser la table `Bulletinmeteo`, créée par vos soins par exemple avec phpMyAdmin ou un logiciel de création de table comme DBDesigner.

- Vous pouvez utiliser ce script :

```
CREATE TABLE 'basebulletinmeteo'.'Bulletinmeteo' (
'Id_bulletin' INT NOT NULL AUTO_INCREMENT PRIMARY KEY ,
'texte_bulletin' TEXT NOT NULL ,
'date_bulletin' TIMESTAMP NOT NULL
) ENGINE = InnoDB;
```

- Lancez maintenant la commande :

```
php symfony doctrine:build-schema
```

La commande retourne :

```
>> doctrine generating yaml schema from database
>> doctrine Generate YAML schema successfully from database
```

À l'intérieur de votre répertoire exemple_meteo\config\doctrine, vous avez maintenant un fichier schema.yml contenant les lignes suivantes :

```
Bulletinmeteo:
  connection: doctrine
  tableName: bulletinmeteo
  columns:
    id_bulletin:
      type: integer(4)
      fixed: false
      unsigned: false
      primary: true
```

```
      autoincrement: true
    texte_bulletin:
      type: string()
      fixed: false
      unsigned: false
      primary: false
      notnull: true
      autoincrement: false
    date_bulletin:
      type: timestamp(25)
      fixed: false
      unsigned: false
      primary: false
      notnull: true
      autoincrement: false
```

Vous allez maintenant générer les classes de votre base de données.

Tapez la commande suivante :

```
php symfony doctrine:build-model
```

La commande a généré la création de trois classes :
- Bulletinmeteo.class.php
- BulletinmeteoTable.class.php
- BaseBulletinmeteo.class.php

Comme nous avons créé les tables auparavant, nous n'avons pas besoin d'aller plus loin. Mais pour illustrer la création de tables à partir de la ligne de commande, vous allez supprimer la table *Bulletinmeteo* de votre base de données.

Souvenez-vous que le fichier schema.yml contient la description de notre table.

Tapez donc :

```
php symfony doctrine:build-sql
```

Vous venez de préparer la création de la table *Bulletinmeteo*.

Tapez la commande suivante :

```
php symfony doctrine:insert-sql
```

Remarque

Symfony utilise le moteur INNODB de MySQL. Vous pouvez le remarquer, si vous aviez créé votre table initialement avec un autre moteur, en regardant la structure de la nouvelle table.

5. Charger un jeu de données

Votre table ne contient encore aucun enregistrement. Pour faciliter le développement, il est souvent utile de charger un jeu de données. Vous le verrez plus loin dans le chapitre Effectuer des tests unitaires, il est utile également de posséder un jeu de test.

- Pour générer le jeu de données du projet, vous allez éditer, dans le répertoire exemple_meteo\data\fixtures, le fichier bulletinmeteo.yml.
- Recopiez ces lignes :

```
Bulletinmeteo:
  bulletin_1:
   id_bulletin: 1
   texte_bulletin: Température maximale:10°
   date_bulletin: 2010-03-20T10:20
  bulletin_2:
   id_bulletin: 2
   texte_bulletin: Température maximale:7°
   date_bulletin: 2010-03-21T11:20
  bulletin_3:
   id_bulletin: 3
   texte_bulletin: Température maximale:8°
   date_bulletin: 2010-03-19T08:00
```

Vous avez appris le langage YAML dans le chapitre Comprendre le format YAML. Comme vous le voyez, il est assez simple de remplir une table en utilisant les séquences.

Les données que vous venez d'écrire vont être insérées dans la base de données, quand vous aurez saisi et validé cette commande :

```
php symfony doctrine:data-load
```

La commande répond :

```
>> doctrine Data was successfully loaded
```

Si vous observez votre table *Bulletinmeteo*, vous constatez qu'elle contient des enregistrements. Il s'agit de ceux générés par la commande et qui proviennent de votre jeu de test.

6. Les formulaires générés

Vous allez maintenant générer un module qui va utiliser notre table *Bulletinmeteo* et permettre la saisie et la modification de données, à travers une interface. Vous allez générer le module *moduleCRUD*, qui va vous servir d'exemple et vous montrer à quoi ressemble un module qui offre la possibilité de gérer directement les données d'une table.

- Pour cela tapez les commandes :

```
php symfony doctrine:build-forms
php symfony doctrine:build-filters
```

Il vous reste à créer le module en l'associant au modèle de données.

- Tapez alors la commande :

```
php symfony doctrine:generate-module --with-show --non
-verbose-templates meteo modulecrud Bulletinmeteo
```

Les derniers paramètres de la commande sont l'application, le module et le nom de la table à associer.

- Pour nettoyer le cache, saisissez la commande :

```
php symfony cc
```

Si vous tapez l'URL http://meteo.sitelocal/meteo_dev.php/modulecrud, vous obtenez l'écran suivant :

Vous pouvez donc maintenant essayer toutes les fonctionnalités de l'application, comme l'ajout, la modification, la suppression.

Comme vous l'avez appris dans le chapitre concernant les modules et les templates, les fonctionnalités d'ajout, de modification et de suppression se retrouvent dans la classe *action* du module.

Seul nous intéresse dans ce projet le listage des prévisions météo. De plus, nous souhaitons travailler l'affichage de notre page, ce qui vous permettra de mettre à profit ce que nous avons appris sur les templates et les modules.

La méthode *executeIndex* de la classe *action* du module *moduleCRUD* permet de récupérer les données de la table *Bulletinmeteo*. En définitive, c'est la seule chose qui nous intéresse. Regardez comment sont extraites ces données.

Ci-dessous la méthode *executeIndex* :

```
public function executeIndex(sfWebRequest $request)
  {
    $this->bulletinmeteos = Doctrine::getTable('Bulletinmeteo')
      ->createQuery('a')
      ->execute();
  }
```

La syntaxe de Doctrine est entre la programmation objet et le SQL. C'est une syntaxe assez facile à apprendre. Cette syntaxe s'appelle DQL pour *Doctrine Query Language*. Vous pouvez vous documenter sur ce langage sur le site de Doctrine :

http://www.doctrine-project.org/documentation/manual/1_0/nl/dql-doctrine-query-language

Avec la méthode `getTable`, vous accédez aux enregistrements de la table passée en paramètre. CreateQuery va construire une requête, à partir de cette table. `Execute` va lancer la requête. Le résultat sera contenu dans la variable `$this->bulletinmeteos`.

La restriction

Pour obtenir une restriction, la requête Doctrine est semblable à une requête SQL. Par exemple, voici la syntaxe à utiliser pour obtenir les prévisions de l'année 2009.

```
public function executeIndex(sfWebRequest $request)
  {
    $this->bulletinmeteos = Doctrine::getTable('Bulletinmeteo')
      ->createQuery('a')
      ->where('YEAR(a.date_bulletin) = ?','2009')
      ->execute();
  }
```

Les requêtes DQL permettent de sélectionner des champs d'une table, mais aussi d'ajouter, modifier ou supprimer des enregistrements.

Votre objectif est d'afficher la météo du jour et permettre de naviguer vers les météos précédentes. Il faudrait en une requête obtenir les enregistrements des trois derniers jours.

Vous savez que, dans le modèle MVC, la gestion des données est confiée au modèle et donc la méthode, à laquelle on vient de faire allusion, doit être placée dans le modèle.

Le répertoire des modèles se trouve à cette adresse *exemple_meteo\lib\model\doctrine*.

Comme vous avez généré le modèle de données *Bulletinmeteo*, il existe une classe *BulletinmeteoTable*.

C'est dans cette classe que vous allez créer la méthode suivante :

```
public function derniersBulletin($nb = 1)
  {
    $q = Doctrine_Query::create()
      ->from('Bulletinmeteo b')
      ->limit($nb)
      ->orderBy('b.Date_bulletin DESC');
      return $q->execute();
  }
```

Avec cette méthode, vous retournez les x derniers bulletins de la table *Bulletinmeteo*.

Dans le contrôleur, vous modifiez la méthode *executeIndex* comme cela :

```
public function executeIndex(sfWebRequest $request)
  {


    $this->bulletinmeteos = Doctrine::getTable('Bulletinmeteo')
->derniersBulletin(3);


  }
```

Quand vous exécutez, vous remarquez que le symbole qui représente une base de données en haut à droite affiche 2.

Si vous cliquez sur le symbole représentant une base de données, vous avez l'écran suivant :

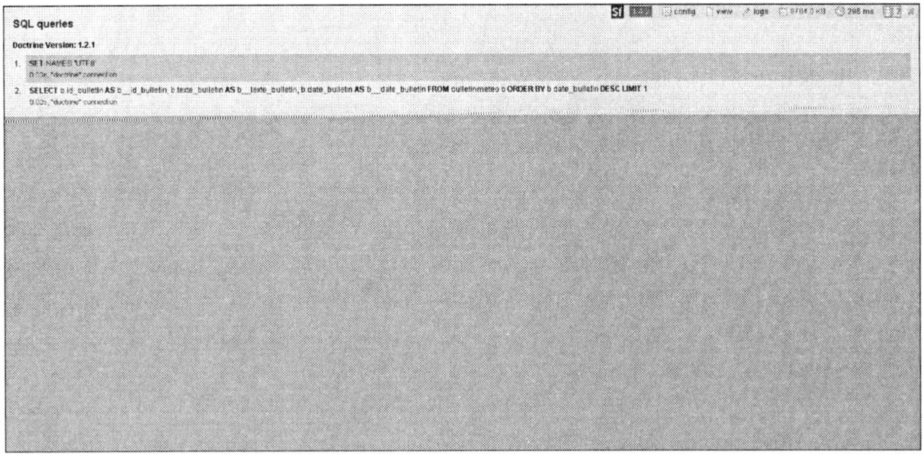

La requête que vous avez écrite avec Doctrine s'affiche en SQL.

Le projet **Bulletinmeteo** est votre laboratoire, il vous a permis de comprendre certains concepts du framework. Vous avez construit un module qui permet d'ajouter des prévisions météo, mais cela n'était pas utile ou plutôt ce n'était pas la bonne manière de faire. Vous le verrez dans le chapitre suivant, une autre sorte de module sera plus adéquate.

Pour clore ce chapitre, vous allez revenir sur le module home et afficher enfin la météo du jour et des deux jours précédents.

Dans la classe `action` du module `home`, vous allez modifier la méthode `executeIndex` comme ci-après :

```
public function executeIndex(sfWebRequest $request)
  {


    $this->bulletinmeteos = Doctrine::getTable('Bulletinmeteo')
->derniersBulletin(3);


  }
```

La page du template qui correspond à l'action sera :

```
<p><?php echo $messageBienvenue; ?></p>
<?php include_partial('bulletins',array("bulletinmeteos"=>
$bulletinmeteos));
?>
```

L'exemple de l'affichage de la météo était vraiment trivial. Mais il vous a permis de voir des aspects importants de Symfony. Dans le prochain chapitre, vous apprendrez à générer une interface d'administration.

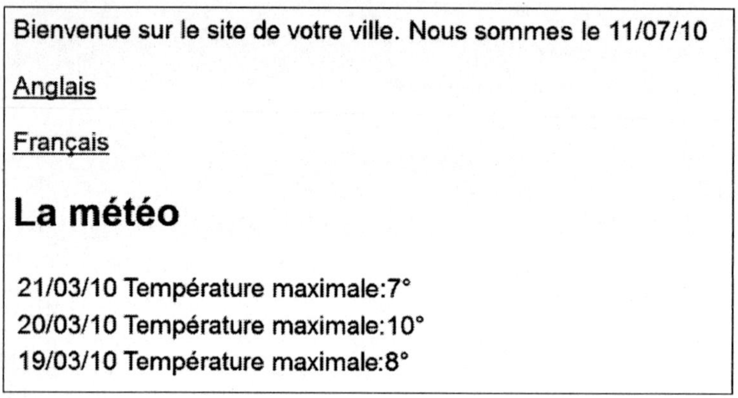

Chapitre 6
Utiliser le générateur d'admin

1. Le "backend"

On utilise le terme backend pour désigner la partie privée d'un site. Généralement les fonctionnalités du backend sont l'ajout, la modification, la suppression, le tri et le filtrage de données.

La programmation de tels systèmes est fastidieuse. Symfony, une fois de plus, simplifie le travail du développeur en permettant la génération d'un backend de manière automatique.

Vous avez créé un système qui permet d'ajouter des données dans la table bulletinMeteo. Vous avez ainsi pu apprendre à utiliser des modules. Dans les sites que vous aurez à développer, l'utilisateur pourra peut-être ajouter ou modifier des enregistrements dans votre base de données. Supposons que votre site soit un site d'informations permettant aux visiteurs de laisser des commentaires, vous laissez alors la possibilité à ces derniers de pouvoir écrire dans votre base de données.

Dans le projet **Bulletin**, ce n'est pas le cas. Vous souhaitez seulement afficher la météo du jour et des jours précédents.

La création du moduleCRUD a été seulement une occasion de s'initier à la création de modules.

Par contre, pour que les prévisionnistes puissent gérer leurs données, il vous faut une interface d'administration.

Vous allez vous en rendre compte : la création d'une interface d'administration est peu différente de la création du module, tel que vous l'avez réalisé dans le chapitre précédent.

2. Créer une application

Pour créer une interface d'administration, vous allez utiliser un générateur. Comme vous l'avez fait jusque-là, vous allez créer une application.

Comme pour la création de l'application **météo**, vous allez utiliser des règles de sécurité.

Vous allez appeler votre application **prevision**. Cette application servira aux prévisionnistes à ajouter leurs prévisions, à les consulter ou les modifier.

- Pour cela tapez la commande suivante :

```
php symfony generate:app --escaping-strategy=on --csrf-secret=
"maclesecrete" prevision
```

3. Générer une interface d'administration

- Maintenant vous pouvez taper la commande :

```
Php symfony doctrine:generate-admin prevision bulletinmeteo --module=
gestion
```

En vous rendant à l'URL http://meteo.sitelocal/prevision_dev.php/gestion, vous pouvez voir votre interface d'administration.

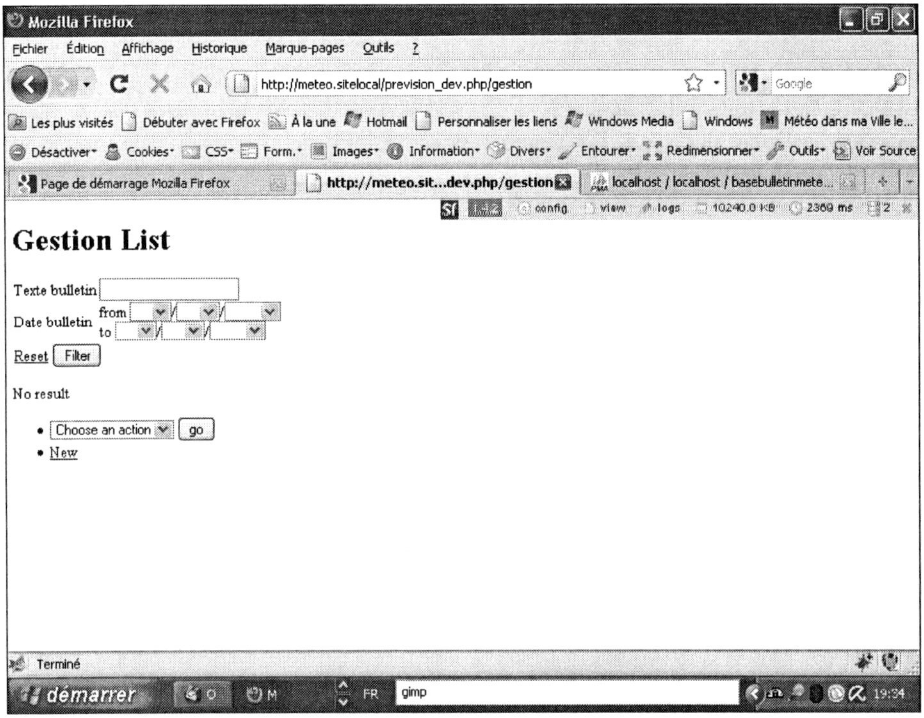

Une interface générée

Le lancement d'une simple ligne de commande a permis la génération d'une interface d'administration parfaitement opérationnelle.

3.1 Description

L'interface est complète.

- Ajouter, modifier, supprimer des prévisions.
- Trier par en-tête de colonnes les données.
- Filtrer les données.
- Rechercher des données.
- Des messages Flash affichent des indications sur les conséquences d'une saisie.

- La liste des prévisions est paginée.
- Vous pouvez réaliser plusieurs suppressions à la fois.

3.2 Détail d'une interface générée

Vous avez créé un module gestion. Vous devez donc posséder un répertoire apps/prevision/gestion.

À l'intérieur, vous retrouvez les répertoires actions et templates. Tout se présente comme avec le module home, à la différence que le répertoire templates est vide, et que le fichier apps/prevision/action.class.php ne contient que le code suivant :

```
<?php

require_once dirname(__FILE__).'/../lib/gestionGeneratorConfiguration.class.
php';
require_once dirname(__FILE__).'/../lib/gestionGeneratorHelper.class.php';

/**
 * gestion actions.
 *
 * @package    bulletin
 * @subpackage gestion
 * @author     Your name here
 * @version    SVN: $Id: actions.class.php 23810 2009-11-12 11:07:44Z
Kris.Wallsmith $
 */
class gestionActions extends autoGestionActions
{
}
```

Dans ce code, il n'y a pas de méthode `executeIndex(sfWebRequest $request)` telle que, peut-être, vous l'imaginiez. En effet, la classe hérite de *autoGestionActions* qui, elle, contient les méthodes `executeIndex`, ainsi que `executeNew` et bien d'autres qui permettent le CRUD. Vous pouvez retrouver cette classe dans le répertoire \cache\prevision\dev\modules\auto Gestion\actions.

S'il est question de cache, c'est parce que le module est généré dans le cache de Symfony. Il ne vous est pas vraiment nécessaire de modifier les méthodes Symfony. Une modification, dans un fichier de configuration appelé generator.yml, régénère le cache et change l'apparence ou le comportement du module.

La configuration de ce fichier va maintenant vous être présentée dans ce chapitre.

L'interface générée utilise un fichier de configuration : exemple_meteo\apps\prevision\modules\gestion\config\generator.yml.

Vous allez apprendre à utiliser ce fichier.

Pour le moment le fichier a cette forme :

```
generator:
  class: sfDoctrineGenerator
  param:
    model_class:           bulletinmeteo
    theme:                 admin
    non_verbose_templates: true
    with_show:             false
    singular:              ~
    plural:                ~
    route_prefix:          bulletinmeteo
    with_doctrine_route:   true
    actions_base_class:    sfActions

    config:
      actions: ~
      fields:  ~
      list:    ~
      filter:  ~
      form:    ~
      edit:    ~
      new:     ~
```

Ce fichier est important car, à lui seul, il vous permet de spécifier l'aspect et le fonctionnement de votre interface admin. Dans votre projet, toutes les fonctionnalités sont utiles. Mais, si l'on veut par exemple se passer de la suppression par lot, cela est possible et nous le verrons plus loin.

Le fichier de configuration generator.yml contient sept sections sous la clé `config`.

actions:

Permet de configurer les actions du formulaire. Par exemple, il est possible de définir le nom des actions. Par défaut, l'action d'ajout se nommera *new*. Pour modifier en nouveau ou pour modifier d'autres actions, il vous faut modifier le fichier de configuration comme ceci :

```
actions:
        _new: { label: "nouveau" }
        _edit: {label: "Modifier"}
        _delete: {label: "Supprimer"}
        __reset: {label: "réinitialiser"}
```

Si vous rafraîchissez la page contenant les formulaires d'administration, vous remarquez que le lien d'ajout est devenu *nouveau*.

fields:

Permet de configurer les champs d'un objet. La date d'un bulletin s'affiche *date_bulletin*. Toujours en utilisant *label*, vous pouvez modifier ce champ en *Date* tout simplement.

```
fields:
        date_bulletin:
          label: Date
```

list:

Permet de configurer la liste des objets. Il est possible de modifier le texte en haut de la page pour Gestion des prévisions. Pour cela, ajoutez un paramètre *title*. Il est aussi possible d'indiquer les champs que l'on souhaite afficher et aussi ceux que l'on ne veut pas montrer. Vous devez cacher le texte, n'afficher que la date et rendre celle-ci cliquable, de manière à pouvoir modifier la ligne.

Voilà de quelle manière configurer le générateur :

```
list:
         title: Gestion des prévisions
         display: [=date_bulletin]
         params : |
            Météo du %%date_bulletin%%
            <p>texte html</p>
```

Display permet d'indiquer quel champ afficher. Précédé d'un caractère **=**, le champ est cliquable. Avec *params*, vous pouvez définir ce que contiendra la ligne. Les caractères **%%** servent à définir les champs. Vous pouvez écrire du code texte HTML.

filter:

Le filtre du générateur d'admin vous permet de faire des recherches parmi les enregistrements de la table. Si vous ne souhaitez pas bénéficier d'un titre, vous pouvez modifier le fichier generating.yml comme cela :

```
      filter:
        display: [date_bulletin]
```

Maintenant, vous ne filtrez que sur la date.

form:

Permet de modifier les formulaires comme l'ajout ou la modification. Il est possible de désigner des zones de champs et de les placer dans l'ordre que l'on souhaite.

Par exemple :

```
form:
        display:
          Prévision: [texte_bulletin]
          Date: [date_bulletin]
```

edit: et **new:**

Permettent de configurer les formulaires de modification et d'ajout. Vous pouvez, par exemple, changer les titres dans les pages de formulaire.

Comme ceci :

```
edit:
        title: Modification d'une prévision
      new:
        title: Ajout d'une prévision
```

Il est possible, avec les formulaires sur lesquels vous travaillez, de supprimer des lignes que vous avez cochées. C'est le traitement par lot.

Dans la configuration de l'interface d'administration, la gestion par lot n'a pas été oubliée. Il est possible d'indiquer si l'on souhaite posséder une gestion par lot, et même d'intégrer de nouveaux traitements.

Pour, par exemple, se passer de la suppression par lot :

```
batch_actions: {}
```

Les accolades vides signifient aucune des actions.

Il existe d'autres possibilités pour configurer l'interface d'administration. Vous avez vu les plus importantes.

La modification du générateur est un bon exercice pour s'entraîner à la syntaxe du YAML.

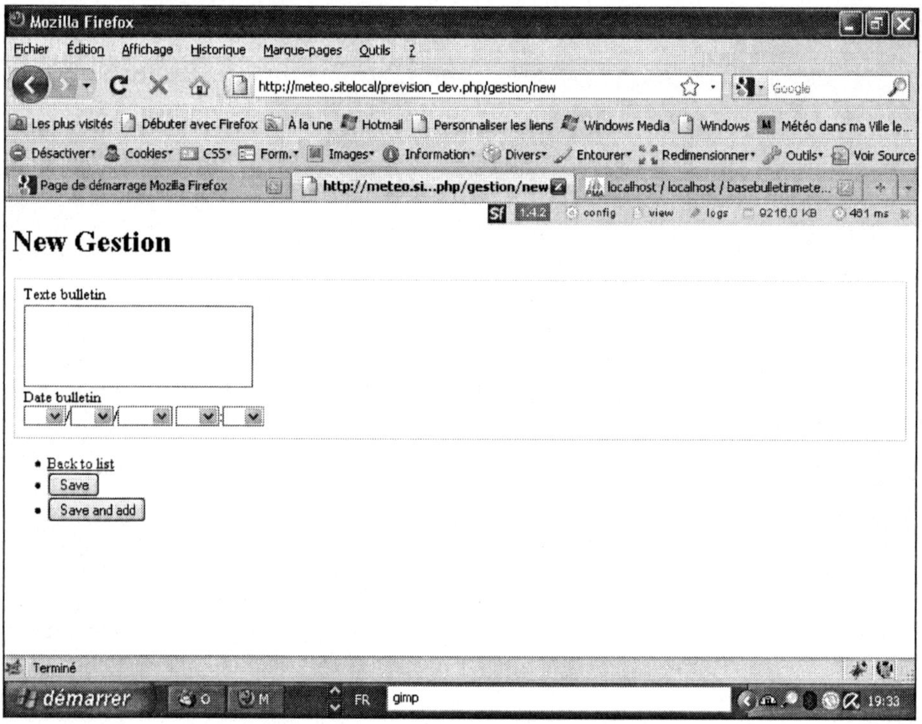

Création d'une prévision

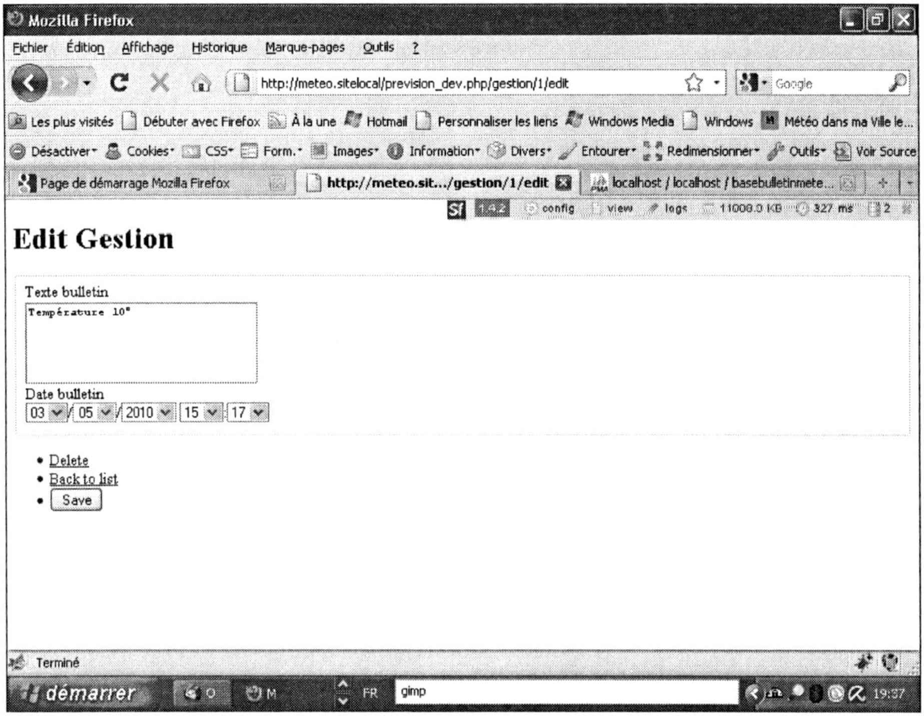

Modification d'une prévision

4. Authentification

Il reste à régler un problème important. Tel quel, l'accès à l'interface d'administration est accessible par tout le monde. Vous souhaiteriez que seules les personnes autorisées puissent accéder à l'interface d'administration. Celles-ci devront s'authentifier par un login et un mot de passe valides, pour être reconnues du système. Tout au long de leur navigation dans le système, ces visiteurs doivent être reconnus et il doit être possible d'interrompre leurs sessions, sur une action de ces derniers. Nous ne possédons pas tous une mémoire infaillible, et bien souvent il nous arrive d'égarer un mot de passe. Pour le système que vous êtes en train de développer, vous souhaiteriez qu'il existe un mécanisme permettant de se faire envoyer sur sa messagerie un nouveau mot de passe, ou bien avoir la possibilité de redéfinir celui-ci.

4.1 Gestion des droits

Certaines applications ne nécessitent qu'une simple gestion des accès. Vous serez peut-être amené à gérer aussi les droits des utilisateurs. Si vous êtes familier des CMS (*Content Management System*), gestionnaires de contenu éditorial ou des BLOG, journaux en ligne, vous devez être habitué à la gestion des accès. En effet, dans ce type d'application, vous pouvez bénéficier de droits pour accéder à toutes les fonctionnalités de l'application, ou seulement bénéficier de ceux permettant la rédaction d'articles et non leur publication.

Programmer la gestion de l'authentification et des droits des utilisateurs d'une application n'est pas une chose simple. C'est un développement sensible. Imaginez que vous ayez à développer une application pour plusieurs commerçants. Il vous serait demandé de permettre à ce commerçant de saisir leurs chiffres de vente. Si un bug permet à un commerçant d'accéder aux chiffres d'un autre commerçant, vous serez responsable d'une véritable catastrophe et votre client vous demandera des comptes.

La configuration du fichier security.yml

Dans le métier de développeur, une expression revient souvent. Il s'agit de ne pas réinventer la roue ; en anglais, Do Not Reinvent The Wheels simplifié par l'acronyme DNRTW. Il s'agit d'un principe universel dans la programmation, que l'on ne respecte hélas pas toujours par précipitation.

Symfony dispose d'une gestion des accès, qui comme vous l'avez déjà éprouvé pour la gestion des jeux de données, passe par un fichier YAML.

Le fichier security.yml est présent dans le répertoire apps/prevision/config. Par défaut, ce fichier autorise l'accès à toute l'application prévision. Pour être plus précis, il est indiqué dans le fichier qu'aucune sécurisation n'est nécessaire pour accéder à l'application :

```
default:
  is_secure: false
```

Si vous modifiez la valeur de *is_secure* en écrivant *true* à la place de *false*, l'accès à l'application nécessite la reconnaissance par le système de l'utilisateur.

Lors du chapitre Travailler avec les vues, vous avez utilisé l'objet *sfUser*, en manipulant les sessions. Une fois encore c'est l'objet *sfUser* qui est utilisé ici, pour informer le système si l'utilisateur courant peut accéder ou non à l'application.

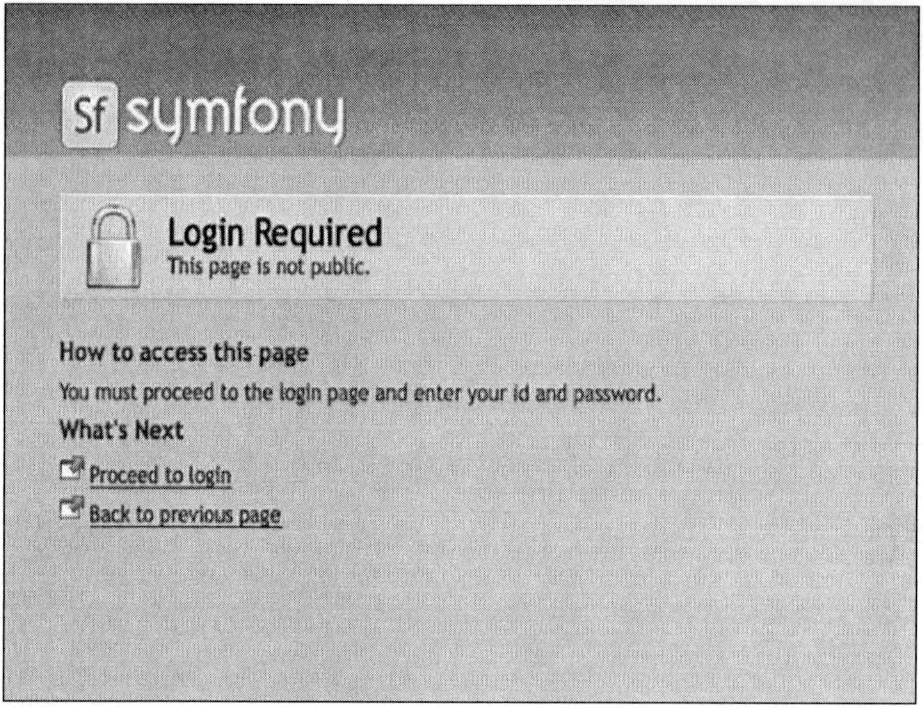

Page d'authentification par défaut

Étant donné que vous n'avez indiqué nulle part si l'utilisateur était connecté ou non, l'application dans sa totalité ne sera pas accessible. La page d'index ne sera pas accessible. Dans le cas étudié, cela n'est pas grave car il n'y a pas de page d'index. Mais vous allez tout de même voir comment protéger ou non certaines pages.

Tous les utilisateurs sont redirigés vers la méthode `executeLogin` du template par défaut de Symfony.

4.2 Personnaliser la page de connexion

Pour personnaliser la page de connexion, il va vous falloir configurer un fichier à nouveau.

- Modifiez le fichier apps/prevision/config/settings.yml comme ceci :

```
all:
  .actions:
    login_module: default
    login_action: login
```

- Dans Symfony, il est possible de configurer plusieurs niveaux du framework. Pour configurer le module gestion, ajoutez un fichier security.yml dans le répertoire apps/prevision/modules/gestion/config.

- Pour permettre à tous les utilisateurs d'accéder à l'index, écrivez :

```
Index :
  Is_secure : false
```

- Pour empêcher l'accès au module gestion par des utilisateurs non autorisés, écrivez :

```
gestion :
Is_secure : true
```

4.3 Tester si un utilisateur est connecté

La classe `myUser` hérite de la classe `sfBasicSecurityUser`, qui hérite elle-même de `sfUser`.

La classe propose des méthodes pour détecter si un utilisateur est connecté, ou pour donner à un utilisateur des droits.

Ainsi, pour détecter si un utilisateur est authentifié :

```
$this->getUser()->isAuthenticated()
```

ou, pour faire reconnaître un utilisateur comme authentifié :

```
$this->getUser()->setAuthenticated(true)
```

La gestion des droits sur Symfony passe aussi par le fichier security.yml.

Il est possible de gérer les droits d'accès d'un utilisateur à plusieurs niveaux. Pour indiquer, par exemple, que le module gestion nécessite d'être connecté mais aussi que l'accès est réservé à l'administrateur, ayant des droits `admin`, la syntaxe est la suivante :

```
gestion:
  is_secure:   true
  credentials: admin
```

credentials est un vocabulaire propre à Symfony, il signifie droit d'accès.

Pour gérer plusieurs droits, vous devez utiliser des crochets. Par exemple, pour indiquer que seules les personnes, ayant les droits admin ou superadmin ou expert, peuvent se connecter :

```
gestion:
  is_secure:   true
  credentials: [[admin,superadmin,expert]]
```

Par exemple, pour indiquer que seules les personnes, ayant les droits `admin` et `expert`, peuvent se connecter :

```
gestion:
  is_secure:   true
  credentials: [admin,expert]
```

La gestion des droits passe par la classe *`sfBasicSecurityUser`*. Voici, ci-dessous quelques méthodes utiles :

- Ajoutez des droits `admin` :

```
$utilisateur->addCredential('admin')
```

- Ajoutez des droits `admin` et `expert` :

```
$utilisateur->addCredentials('admin','expert')
```

Est-ce que l'utilisateur possède les droits `admin` ? :

```
$utilisateur->hasCredential('admin')
```

- Retirez des droits `admin` :

```
$utilisateur->removeCredential('admin')
```

■ Retirez tous les droits :

```
$utilisateur->clearCredentials()
```

Un plugin

Vous avez maintenant une vision plus précise de la gestion de l'authentification et des droits des utilisateurs sur Symfony.

Vous pourriez programmer un tel système, si vous étiez prêt à réinventer la roue, mais il existe, dans Symfony, la possibilité d'étendre le framework, comme lui adjoindre un système complet d'authentification avec gestion des droits des utilisateurs.

Ce plugin est *sfDoctrineGuardPlugin - 4.0.1*, que vous pouvez trouver à l'adresse suivante :
http://www.symfony-project.org/plugins/sfDoctrineGuardPlugin/4_0_1

Vous trouverez, à cette adresse, toute la documentation nécessaire pour installer le plugin.

Mais quelques conseils pourraient s'avérer utiles.

L'installation en ligne du plugin nécessite d'avoir PEAR installé sur votre machine, et évidemment de posséder une connexion à Internet.

Dans ce cas, tapez :

```
symfony plugin:install sfDoctrineGuardPlugin
```

Si vous souhaitez installer manuellement le plugin, vous pouvez télécharger l'archive du plugin et l'extraire dans le répertoire exemple_meteo/plugins.

Lancez ensuite la ligne de commande :

```
symfony plugin:install sfDoctrineGuardPlugin
```

Des messages d'avertissement peuvent apparaître, si par exemple vous utilisez des fonctions dépréciées de PHP, mais au final si vous voyez le message : plugin sucessfully installed, c'est que tout s'est bien déroulé.

Le fichier exemple_meteo/config/ProjectConfiguration.class doit contenir une ligne :

```
$this->enablePlugins('sfDoctrineGuardPlugin');
```

Pour désinstaller le plugin, suivez les étapes décrites ci-dessous.

- Supprimez la ligne :

```
$this->enablePlugins('sfDoctrineGuardPlugin');
```

- Et tapez :

```
symfony plugin:install sfDoctrineGuardPlugin
```

Vous n'aurez aucun mal à suivre les explications du fichier readme, inclues dans l'archive du plugin.

N'oubliez pas d'utiliser le fichier contenant le jeu de données d'exemple, qui vous permettra d'ajouter un super administrateur dans la base de données.

S'authentifier

Vous avez créé un module pour l'affichage de la météo et un module pour la saisie de prévision. Il s'agissait d'un projet de formation. Mais vous êtes maintenant capable de construire vos propres pages. Il vous reste à assimiler le système de routage, qui sera expliqué dans le chapitre suivant. Vous serez alors prêt pour la mise en pratique, prévue au chapitre Mettre en pratique Symfony.

Chapitre 7
Comprendre le routage

1. Les URL (Uniform Ressource Locator)

Une URL permet d'accéder à des pages web, des documents textes, des vidéos, des images et d'autres ressources. En PHP, l'URL permet de faire passer des variables. Généralement le passage se réalise en utilisant une URL du type http://monsite?mavariable=4. On utilise alors la variable dans le code PHP, comme vous avez certainement l'habitude de le faire.

L'ennui est que les moteurs de recherche n'apprécient par ce genre d'URL, préférant les URL du type http://monsite/mavariable/4.

De plus, en écrivant une URL du type http://monsite?mavariable=4, on laisse deviner le fonctionnement de son site.

Vous avez pu utiliser des helpers comme `link_to`, et ainsi, vous avez pu vous rendre compte qu'une adresse, saisie dans ce format monadresse.fr?page=1, est affichée dans la barre d'adresse du navigateur ainsi : monadresse/page/1.

Le framework convertit les adresses. Le prototype est le suivant : Un module/la méthode de l'action/des paramètres.

Comme par exemple : http://meteo.sitelocal/meteo.php/**home/show/2**

2. Les méthodes HTTP

HTTP pour *HyperText Transfer Protocol* est un protocole de communication client serveur. Il fait partie de la couche application. Une méthode HTTP est une commande. Cette commande va demander au serveur d'effectuer une action.

- La méthode `GET` va demander une ressource.
- La méthode `HEAD` va demander des informations sur la ressource, mais pas la ressource elle-même.
- La méthode `POST` va ajouter une nouvelle ressource.
- La méthode `PUT` va ajouter ou modifier une ressource.
- La méthode `DELETE` va supprimer une ressource du serveur. Pour utiliser cette méthode, il faut avoir des privilèges.
- La méthode `OPTION` va demander les options d'une ressource ou d'un serveur.

Les navigateurs récents ne supportent que les méthodes `HEAD`, `GET` et `POST`. Mais les navigateurs ne sont pas les seuls clients capables d'envoyer des requêtes HTTP. Il existe, par exemple, cURL qui signifie "Client URL Request Library", ou "see URL" qui permet l'envoi de requête HTTP.

Symfony permet de spécifier quelles requêtes HTTP peuvent être utilisées. C'est ce que vous allez découvrir dans les lignes suivantes.

3. Le fichier routing.yml

Par défaut, dans Symfony, les URL possèdent différentes parties. Une partie de l'URL correspond aux modules, la partie qui suit après le caractère / est la méthode de la classe `action` et enfin vient le paramètre qui va être passé à la méthode.

Par exemple :

```
home/show/1
```

Ce fonctionnement est intéressant mais ne correspond pas forcément au code que vous souhaitez mettre en place.

Symfony vous permet de modifier la manière dont une URL se compose. Pour cela, il vous faudra une fois de plus éditer un fichier de configuration. Le fichier de configuration en question pour votre application **météo** est : exemple_meteo\apps\meteo\config\routing.yml.

Par défaut le fichier se présente comme ceci :

```
# You can find more information about this file on the symfony website:
# http://www.symfony-project.org/reference/1_4/en/10-Routing

# default rules
homepage:
  url:   /
  param: { module: default, action: index }

# generic rules
# please, remove them by adding more specific rules
default_index:
  url:   /:module
  param: { action: index }

default:
  url:   /:module/:action/*
```

Une route est l'URL qui va être utilisée dans l'application. Par exemple, dans le fichier ci-dessus, la route de la page d'accueil porte le nom de *homepage*. La route, portant le nom homepage, correspond à une URL, qui contient seulement un caractère /. Le module, qui va être utilisé dans la route homepage, est le module default. Quant à la méthode, il s'agit de la méthode `index`.

Actuellement si vous saisissez l'URL :

```
http://meteo.sitelocal/
```

Vous accédez à la page par défaut de Symfony.

La route correspondante est la route homepage.

Si vous tapez :

```
http://meteo.sitelocal/meteo_dev.php/home
```

La route correspondante est la route default_index, et donc va exécuter le code de la méthode *executeIndex* de la classe *Homeaction* du module home.

Pour l'URL suivante :

```
http://meteo.sitelocal/meteo_dev.php/exercice/testGet/testGet/314
```

La route correspondante est la route default. La route default possède ce paramètre :

```
url:   /:module/:action/*
```

L'étoile correspond à une paire composée d'un paramètre et de sa valeur. Dans l'exemple ci-dessus, il s'agit du paramètre *id_bulletin* et la valeur 22.

Vous avez déjà utilisé le helper url_for dans le chapitre Travailler avec les vues, alors que vous testiez le passage de paramètre.

```
<a href="<?php echo url_for('exercice/selection?testGet=314');?>">
test get</>
```

- Modifiez le fichier de config routing de l'application **météo** en ajoutant cette ligne :

```
selection:
  url:   /exercice/selection/*
```

Il est maintenant possible d'utiliser une route dans le helper *url_for*. Pour cela, il faut préfixer son nom par @, ce qui donne :

```
<a href="<?php echo url_for('@selection?testGet=314');?>">test get</>
```

Vous obtiendrez de meilleures performances avec cette écriture.

Vous avez donc compris comment fonctionne le routage à travers le fichier de configuration. Vous allez donc faire en sorte que la page d'accueil de l'application **météo** soit la page d'index du module *home*, et non plus la page par défaut de Symfony. Pour cela, éditez le fichier de configuration de routage comme ceci :

```
homepage:
  url:   /
  param: { module: home, action: index }
```

Reprenez le module modulecrud que vous avez généré dans le chapitre précédent. Pour générer ce module, vous avez mentionné l'option --show et donc cela a permis l'existence d'une méthode *executeShow*, dans la classe *modulecrudActions*.

Il n'a jamais été indiqué pour quelle ville la météo était prévue, dans votre développement.

▶ Ajoutez le champ **ville_bulletin** à la table **Bulletinmeteo**.

Voici le script de modification :

```
ALTER TABLE 'bulletinmeteo' CHANGE 'ville_bulletin'
'ville_bulletin' VARCHAR( 200 ) NOT NULL DEFAULT 'Paris'
```

▶ Mettez à jour le schéma et le modèle :

```
Php symfony build-schema
Php symfony build --all
```

On souhaite faire apparaître dans l'URL un paramètre ville. L'URL, qui permettra d'afficher la météo de la ville, sera identique à l'URL suivante :

http://meteo.sitelocal/meteo_dev.php/modulecrud/show/id_bulletin/2/ville_bulletin/Paris

Une nouvelle route existe, il faut donc la configurer. Pour cela, ajouter ces lignes au fichier de configuration comme ceci :

```
show_bulletin:
  url:   /modulecrud/show/*/:ville/*
```

Vous avez créé la route show_bulletin et vous avez permis l'ajout d'un nouveau paramètre ville.

Dans le template indexSucess.php du module *modulecrud*, vous pouvez alors modifier l'URL qui correspond à la route show_bulletin comme ceci :

```
<td><a href="<?php echo
url_for('modulecrud/show?id_bulletin='.$bulletinmeteo-
>getIdBulletin().'&ville_bulletin='.$bulletinmeteo-
>getVilleBulletin()) ?>"><?php echo $bulletinmeteo-
>getIdBulletin() ?></a></td>
```

Le code n'étant pas très lisible, vous pouvez aussi utiliser un tableau associatif pour vous aider comme ceci :

```
<td><a href="<?php echo url_for(array(
    'module'=>''modulecrud ',
    'action'=>'show',
    'id_bulletin'=>$bulletinmeteo->getIdBulletin(),
    'ville'=>$bulletinmeteo->getVilleBulletin(),))?>">
<?php echo $bulletinmeteo->getIdBulletin()?></a></td>
```

Le fichier de configuration permet de spécifier le type de paramètre attendu. Par exemple, les identifiants de vos bulletins météo doivent être des entiers positifs. Pour cela, éditez votre fichier de configuration ainsi :

```
show_bulletin:
  url:   /modulecrud/show/*/:ville/*
  param: {module: modulecrud, action: show }
  requirements:
    id_bulletin: \d+
```

Il vous est possible aussi d'indiquer quelle méthode HTTP sera utilisée pour accéder à vos pages. Vous pourrez indiquer si la page est accessible par *GET*, *POST*, *PUT*, *HEAD* ou *DELETE*. Par exemple, si vous souhaitez que la page ne soit accessible que par *GET*, éditez votre fichier de configuration comme ceci :

```
show_bulletin:
  url:   /modulecrud/show/:id_bulletin/:ville_bulletin
  class: sfRequestRoute
  param: {module: modulecrud, action: show }
  requirements:
    id_bulletin: \d+
    sf_method: [get]
```

Les routes sont converties sous forme d'objet *sfRoute*. Vous avez utilisé ci-dessus la classe *sfRequestRoute*, qui, avec la variable *sf_method*, fait en sorte que la méthode HTTP utilisée soit *GET*.

4. La collection de routes Doctrine

Vous avez ajouté un champ dans la table. Vous vouliez personnaliser l'URL pour afficher une prévision météo. Vous avez été obligé de modifier l'URL qui permettait l'affichage d'une prévision. Il ne s'agissait que d'un champ et d'un paramètre de plus dans une URL. Imaginez à quel point il serait pénible de réaliser les mêmes opérations, si vous aviez plusieurs champs à ajouter et plusieurs paramètres à modifier dans une URL.

Il existe un moyen de s'éviter tous ces tracas, il s'agit d'utiliser des routes Doctrine. L'idée est de recourir à la classe *sfDoctrineRoute*, associée à la classe *Bulletinmeteo*.

La route devient :

```
show_bulletin:
  url:   /modulecrud/show/:id_bulletin/:ville_bulletin
  class: sfDoctrineRoute
  options: {model: BulletinMeteo, type: object }
  params: {module:modulecrud, action: show}
  requirements:
    id_bulletin: \d+
    sf_method: [get]
```

Et le lien suivant,

```
<a href="<?php echo url_for(array(
    'module'=>''modulecrud ',
    'action'=>'show',
    'id_bulletin'=>$bulletinmeteo->getIdBulletin(),
    'ville'=>$bulletinmeteo->getVilleBulletin(),))?>">
<?php echo $bulletinmeteo->getIdBulletin()?></a>
```

Se simplifie par :

```
<a href="<?php echo array('sf_route'=>'BulletinMeteo' ,
'sf_subject'=> bulletinmeteo)   ?>"></a>
```

Ou encore :

```
<a href="<?php echo url_for('BulletinMeteo' ,$bulletinmeteo) ?>"></a>
```

Ajoutez maintenant autant de nouvelles routes que vous le souhaitez, avec autant de nouveaux champs dans la table *Bulletinmeteo*. Vous n'avez plus à revenir sur les liens des templates.

Vous pouvez utiliser le routage dans les helpers comme *link_to*, qui construit un lien interne. Vous pouvez aussi l'utiliser dans les redirections avec la méthode *redirect*.

Vous êtes maintenant en mesure de configurer le routage de vos URL. Pensez à le faire pour tous vos liens internes.

Pour savoir où vous en êtes avec les routages d'une application, vous pouvez exécuter la commande :

```
php symfony app:route meteo
```

Vous obtenez par exemple :

```
>> app        Current routes for application "meteo"
Name                    Method           Pattern
homepage       ANY     /
default_index ANY     /:module
show_bulletin GET     /modulecrud/show/:id_bulletin/:ville_bulletin
default        ANY     /:module/:action/*
```

L'objectif de ce chapitre était de vous familiariser avec le routage des URL. Dans le prochain chapitre, vous allez pouvoir mettre en pratique vos connaissances car il sera également question de routage.

Chapitre 8
Mettre en pratique Symfony

1. Le projet "Mondevis"

1.1 Présentation

Dans ce chapitre, vous allez mettre en pratique ce que vous avez appris sur Symfony jusque-là. Les précédents chapitres ne faisaient pas état de la modélisation et de la création d'une base de données. Dans ce chapitre, vous allez réaliser le projet dans son intégralité. Modéliser des données à partir du cahier des charges du client fait partie de votre quotidien sans doute. C'est pourquoi en plus de l'utilisation de Symfony, vous allez voir comment utiliser un outil de modélisation de bases de données conjointement au framework.

Vous n'aviez, jusqu'à présent, pas utilisé dans vos projets de tables liées entre elles par une relation. Au cours de ce chapitre, vous allez développer le projet Mondevis, qui nécessite l'utilisation de tables liées. Imaginez que la demande provienne de la société FormaLangue, qui propose des cours de langues, pour différents niveaux. L'institut souhaite mettre en ligne un site Internet, qui présentera les activités de cette dernière. La société souhaite mettre à la disposition des visiteurs un formulaire de demande de devis. L'objectif de ce chapitre n'est pas de développer une application web complètement aboutie, mais de vous montrer quelles sont les étapes à suivre pour accéder à un projet fonctionnel. Dans ce chapitre, il ne sera pas question de Design web, mais vous veillerez à réaliser des pages valides au niveau du CSS et du HTML. Vous allez vous rendre compte à quel point il peut être rapide de développer, avec un framework comme Symfony.

Le projet Mondevis sera hébergé sur un serveur Apache et utilisera une base de données MySQL. Ce projet est pour le moment simple, mais sera amené à se complexifier. L'utilisation de Symfony permettra d'assumer les modifications et aménagements du site dans un temps court.

La base de données va découler de la modélisation. L'institut propose des cours d'anglais, d'espagnol, d'italien et de portugais, pour le moment. À l'avenir, l'institut proposera d'autres langues. Le prix des cours dépend de critères complexes. C'est pourquoi l'institut veut proposer un formulaire de devis en ligne, permettant ainsi la collecte des demandes de sa clientèle. L'institut, après calcul du prix des cours, enverra par e-mail une réponse au demandeur.

Dans un avenir proche, les règles qui régissent le montant des cours seront informatisées et le système proposera alors une réponse automatique au devis ou une simulation en ligne.

Le projet que vous allez découvrir contient deux parties :
- Une partie publique permet aux visiteurs du futur site de s'informer et de faire la demande d'un devis pour une ou plusieurs prestations.
- Une partie privée qui permet à l'administrateur du site de traiter les demandes de devis.

Depuis la partie privée, les administrateurs pourront ajouter des devis provenant de demande par courrier ou par fax par exemple, effectuer des recherches, modifier ou supprimer des demandes. Quand une demande sera traitée, les administrateurs auront la possibilité de marquer celle-ci comme traitée.

Les maquettes

Les maquettes suivantes présentent les principales pages du site à réaliser.

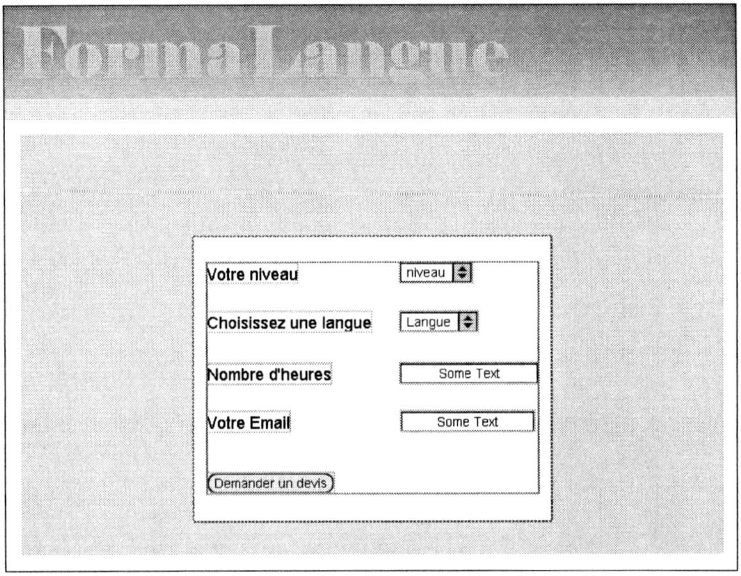

La page de devis

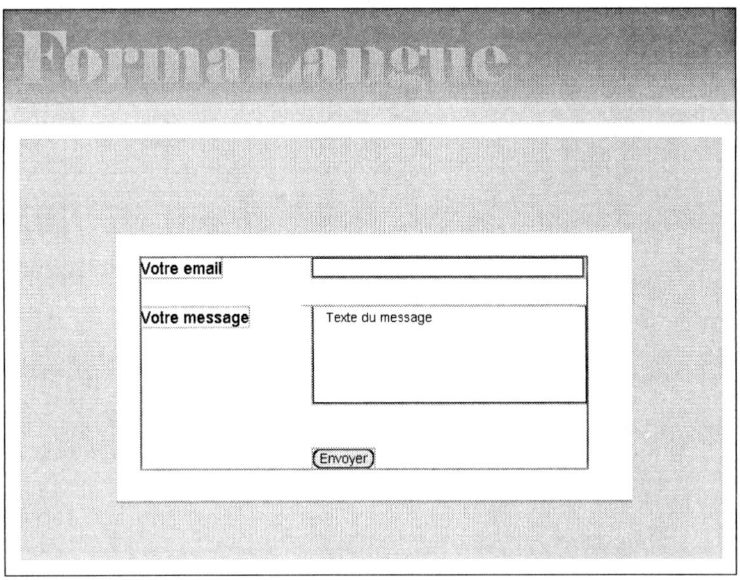

La partie publique

La page de devis est le cœur de votre projet. Elle contient deux menus déroulants, l'un autorise la sélection d'une langue, l'autre le niveau du demandeur. La sélection de niveaux est la même pour toutes les langues. Il existe trois niveaux :
- Débutant
- Moyen
- Confirmé

Le dernier champ du formulaire recevra l'adresse e-mail du client. Cette adresse devra être valide pour que le formulaire soit envoyé. Ce champ doit être rempli pour que la demande soit valide.

La partie privée

La partie privée sera produite par le générateur d'admin. Il y aura peu de modifications par rapport à ce que le générateur va produire.

1.2 Les fonctionnalités

Le projet **Mondevis** aura les fonctionnalités suivantes :
- Partie publique soit l'application devis :
  - Demander un devis.
- Partie privée soit l'application gestion :
  - Gérer les devis.
  - Gérer les prestations.
  - Gérer les niveaux.

1.3 Le MCD (Modèle Conceptuel des Données)

Le MCD a pour but de modéliser le système, en faisant abstraction des solutions informatiques qui vont être utilisées. Il sera question ici d'entités, de cardinalités et de relations du système.

Les entités

Dans ce projet, vous disposez de trois entités :
- L'entité prestation va contenir les langues et les descriptions.
- L'entité niveau va contenir les niveaux possibles du demandeur.
- L'entité devis va contenir les prestations et les informations sur le demandeur.

Les relations

L'entité devis sera liée à l'entité prestation par une relation contient. Un devis contient une prestation. Plusieurs prestations peuvent être concernées par la relation contient.

L'entité devis sera liée à l'entité niveau par une relation possède. Un devis possède un niveau de demandeur. Plusieurs niveaux peuvent être concernés par la relation possède.

Les propriétés

L'entité prestation contient la propriété prestation_nom : le nom de la prestation.

L'entité niveau contient la propriété niveau_nom : le nom du niveau.

L'entité devis contient les propriétés :
- Devis_prestation_qte: la quantité de prestation du devis.
- Est_demandeur_email: l'état du devis (traité ou non).

1.4 S'aider du logiciel DBDesigner

Pour créer les tables en s'appuyant sur le MCD, vous pouvez concevoir un fichier schema.xml avec votre éditeur de texte, et générer les tables. Vous pouvez également créer vos tables dans phpMyAdmin. Mais pour ces deux solutions, vous ne possédez pas de représentation graphique de votre système. Un schéma, comme un diagramme Entités/Relations, aidera tous ceux qui participent au projet à le comprendre.

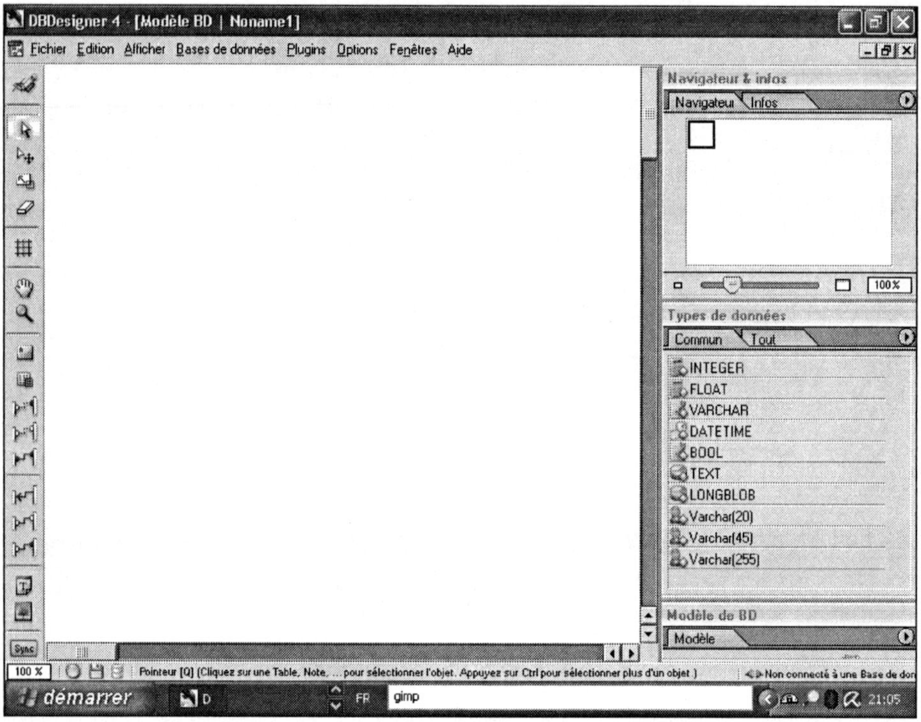

L'interface de DBDesigner

Dans ce chapitre, vous allez apprendre à utiliser DBDesigner 4 avec Symfony.

Le logiciel DBDesigner 4 est un logiciel Open Source sous licence GPL plutôt ancien et qui n'est plus maintenu par son auteur Michael G. Zinner. Ce dernier travaille sur le successeur de DBDesigner, MySQL Workbench, pour la société MySQL AB. Étant Open Source, le logiciel a suscité la création de logiciels identiques comme DBDesigner Fork.

Il est également possible avec ce logiciel de pratiquer du reverse engineering, que l'on peut traduire par rétro conception, c'est-à-dire la possibilité d'obtenir des diagrammes Entités/Relations, à partir d'une base de données existante.

Vous pouvez télécharger DBDesigner 4 à cette adresse :
http://www.fabforce.net/dbdesigner4/downloads.php

Vous pouvez télécharger DBDesigner Fork à cette adresse :
http://sourceforge.net/projects/dbdesigner-fork/

Si DBDesigner 4 n'est pas maintenu, il reste tout de même un des rares logiciels gratuits de modélisation libre pour MySQL.

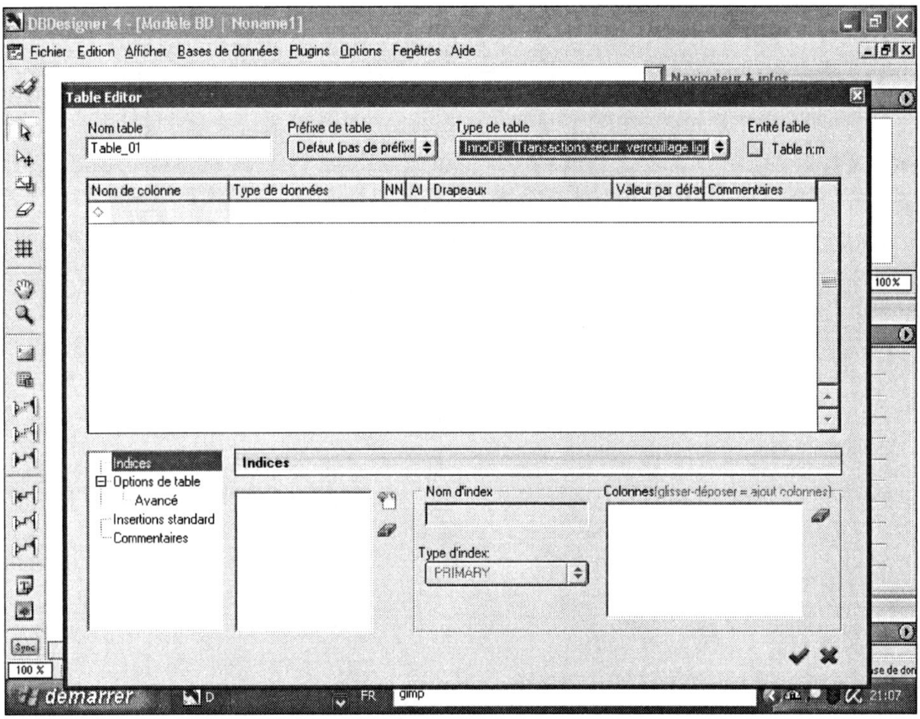

Créer des tables avec DBDesigner

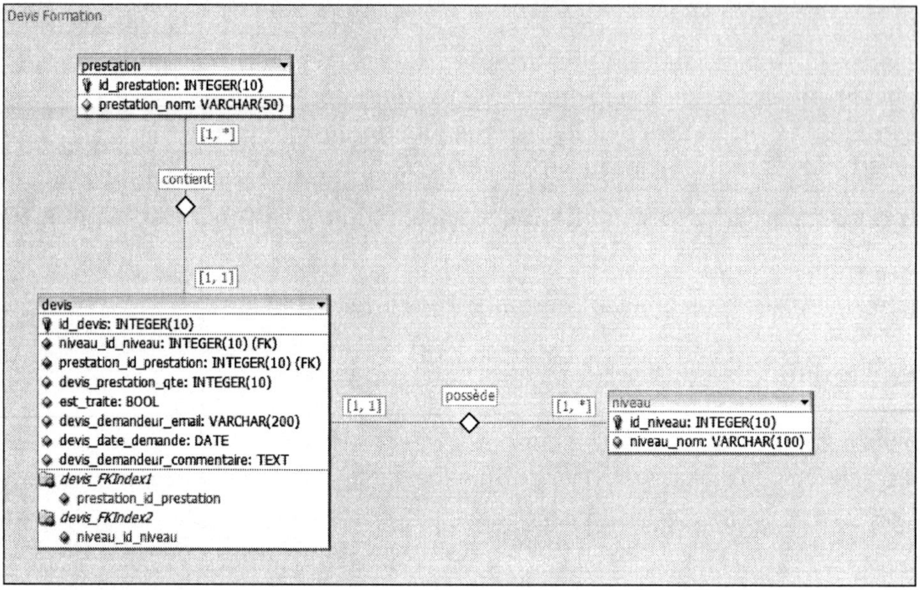

Un diagramme E/R

Une fois votre modèle terminé, vous pouvez exporter le script de création des tables.

```
CREATE TABLE devis (
  id_devis INTEGER(10) UNSIGNED NOT NULL AUTO_INCREMENT,
  niveau_id_niveau INTEGER(10) UNSIGNED NOT NULL,
  prestation_id_prestation INTEGER(10) UNSIGNED NOT NULL,
  devis_prestation_qte INTEGER(10) NULL,
  est_traite BOOL NULL,
  devis_demandeur_email VARCHAR(200) NULL,
  devis_date_demande DATE NULL,
  devis_demandeur_commentaire TEXT NULL,
  PRIMARY KEY(id_devis),
  INDEX devis_FKIndex1(prestation_id_prestation),
  INDEX devis_FKIndex2(niveau_id_niveau)
)
TYPE=InnoDB;

CREATE TABLE niveau (
  id_niveau INTEGER(10) UNSIGNED NOT NULL AUTO_INCREMENT,
  niveau_nom VARCHAR(100) NULL,
  PRIMARY KEY(id_niveau)
)
TYPE=InnoDB;
```

```
CREATE TABLE prestation (
  id_prestation INTEGER(10) UNSIGNED NOT NULL AUTO_INCREMENT,
  prestation_nom VARCHAR(50) NULL,
  PRIMARY KEY(id_prestation)
)
TYPE=InnoDB;
```

À partir de ce moment-là, vous pouvez créer votre base de données dans votre gestionnaire de base de données, et à partir des scripts, générer vos tables.

Que vous utilisiez DBDesigner ou non, vous devez créer la base de données devisbase.

Remarque

Lors de la création du schema.yml, il faudra modifier le type de ***est_traite*** *en boolean.*

2. Créer le projet

Comme vous l'avez appris dans les chapitres précédents, vous allez installer Symfony. Vous avez vérifié que votre système possède la configuration nécessaire. Créez un répertoire projet_formalangue et à l'intérieur de ce répertoire, créez un répertoire vendor. Dans ce dernier, créez un répertoire lib. Faites une extraction de l'archive de la dernière version stable de Symfony, dans ce dernier répertoire. Renommez par commodité le répertoire extrait en sf.

- En ligne de commande sous Windows, par exemple, tapez :

```
c:\wamp\www\projet_formalangue>php lib\vendor\sf\data\bin\symfony
generate:project formalangue
```

- Modifiez la configuration de votre hôte virtuel.

▶ Sous Windows par exemple, ajoutez :

```
<VirtualHost *:80>
    ServerAdmin admin@monadresse.fr
    DocumentRoot "C:\wamp\www\projet_formalangue\web"
    ServerName formalangue.sitedev
    ServerAlias formalangue.sitedev
    ErrorLog "logs/formalangue.sitedev-error.log"
    CustomLog "logs/formalangue.sitedev-access.log" common
    Alias /sf C:\wamp\www\projet_formalangue\lib\vendor\sf\data\web\sf
</VirtualHost>
```

Comme vous l'avez fait pour le projet **BulletinMeteo**, vous allez générer le projet **Mondevis**.

▶ Exécutez la commande suivante :

```
c:\wamp\www\projet_formalangue>php lib\vendor\sf\data\bin\symfony
generate:project mondevis
```

Symfony est installé, le serveur est prêt, vous avez créé le projet **Mondevis**, vous allez donc passer à la création des applications.

2.1 Créer les applications

Vous allez créer deux applications. L'application formation est définie pour la partie publique du site ; l'application gestion est définie pour la partie privée du site.

▶ Lancez ces deux commandes :

```
php symfony generate:app --escaping-strategy=on --csrf-secret=
"maclesecrete" formation
```

```
php symfony generate:app --escaping-strategy=on --csrf-secret=
"maclesecrete" gestion
```

Notez que pour ces deux applications, vous utilisez toujours l'option de sécurité **CSRF**. C'est une bonne habitude à prendre.

Pour l'application formation, nous allons créer un module : devis.

Vous allez créer un module CRUD, car vous allez utiliser les tables `devis` et `prestation` de la base `devisbase`.

▶ Pour cela, vous allez configurer la base de données dans Symfony, en saisissant cette commande :

```
php symfony configure:database "mysql:host=monserveur;dbname=
devisbase" monlogin monmotdepasse
```

▶ Si vous aviez déjà créé vos tables, construisez le fichier schema.yml :

```
php symfony doctrine:build-schema
```

▶ Modifiez, si besoin, le type de la propriété `est_traite` en booléen comme ceci :

```
est_traite:
      type: boolean
      fixed: false
      unsigned: false
      primary: false
      notnull: false
      autoincrement: false
```

▶ Générez les classes d'accès à la base de données :

```
php symfony doctrine:build-model
```

▶ Créez les classes de formulaires :

```
php symfony doctrine:build-form
php symfony doctrine:build-filters
```

▶ Créez maintenant le module CRUD devis :

```
php symfony doctrine:generate-module --with-show --non-verbose-templates
formation devis devis
```

Comme lors du développement du projet **BulletinMeteo**, vous allez créer des jeux de données.

▶ Créez les fichiers devis.yml, prestation.yml et niveau.yml.

Comme la table *devis* est liée aux tables *prestation* et *niveau*, vous devez faire apparaître cette relation dans les jeux de données comme ceci :

Le fichier devis.yml :

```
devis:
  devis_1:
   id_devis: 1
   Prestation: prestation_1
   Niveau: niveau_1
   devis_prestation_qte: 1
   est_traite: false
   devis_demandeur_email: nom@societe.com
```

Le fichier niveau.yml :

```
niveau:
  niveau_1:
    id_niveau: 1
    niveau_nom: Débutant
  niveau_2:
    id_niveau: 2
    niveau_nom: Intermédiaire
  niveau_3:
    id_niveau: 3
    niveau_nom: Confirmé
```

Le fichier prestation.yml :

```
prestation:
  prestation_1:
    id_prestation: 1
    prestation_nom: Anglais
  prestation_2:
    id_prestation: 2
    prestation_nom: Espagnol
  prestation_3:
    id_prestation: 3
    prestation_nom: Italien
```

Pour charger le jeu de données :

```
php symfony doctrine:data-load
```

Après avoir tapé l'URL http://formalangue.sitedev/formation_dev.php/devis, vous pouvez cliquer sur le lien **new**, pour ajouter un nouveau devis. Le formulaire, qui apparaît alors, contient deux listes déroulantes qui annoncent "**NO description for object...**".

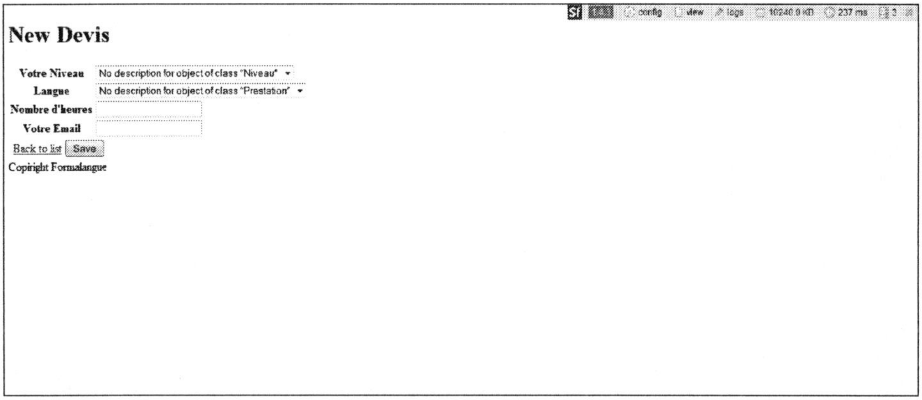

Création d'un devis

Si on considère la liste des prestations, il faut comprendre qu'elle contient une liste d'objets prestation. Le système va essayer de trouver des attributs comme *name* ou *title*, pour les afficher. Mais dans le cas présent, vous avez utilisé *prestationNom*.

Pour remédier à cela, il suffit de surcharger la méthode *to_String* dans la classe *projet_formalangue\lib\model\doctrine\Prestation.class.php* comme ceci :

```
<?php

class Prestation extends BasePrestation
{
  public function __toString()
  {
    return sprintf('%s', $this->getPrestationNom());
  }


}
```

La classe *Prestation* peut accéder aux méthodes *GET* et *SET*.

Par exemple :

```
getIdPrestation
getPrestationNom
setIdPrestation()
setPrestationNom()
```

Vous devez donc surcharger également la méthode *to_String* de niveau :

```
<?php

class Niveau extends BaseNiveau
{
  public function __toString()
  {
    return sprintf('%s', $this->getNiveauNom());
  }

}
```

Vous avez créé un site qui permet d'ajouter, de modifier et de supprimer des devis. C'est beaucoup plus qu'il n'en faut. Mais l'essentiel est là. Un utilisateur pourra faire part de sa volonté de prendre des cours dans la société Formalangue. Cette demande sera enregistrée dans la base de données. Cela vous permet de mettre en pratique la création de module et d'apprendre comment gérer des tables reliées entre elles.

Par la suite, vous allez mettre en pratique vos connaissances sur la gestion des vues dans Symfony et le routage des adresses.

3. Modifier le routage

Vous pouvez noter que le comportement de l'ajout d'un devis est celui que vous souhaiteriez avoir pour la page d'accueil. Vous souhaitez que le visiteur accède directement à cette page en tapant l'adresse du site.

Vous pouvez donc modifier le routage comme ceci :

```
homepage:
  url:   /
  param: { module: devis, action: new }

default_index:
  url:   /:module
  param: { action: new }
```

4. Modifier les vues

4.1 Modifier les layouts

Pour correspondre à la maquette fixée, vous devez ajouter une nouvelle feuille de style et modifier le code du layout. Vous allez créer une feuille de style formation.css et modifier le layout comme ceci :

```
<!DOCTYPE html PUBLIC "-//W3C//DTD XHTML 1.0 Transitional//EN"
"http://www.w3.org/TR/xhtml1/DTD/xhtml1-transitional.dtd">
<html xmlns="http://www.w3.org/1999/xhtml" xml:lang="en" lang="en">
  <head>
    <?php include_http_metas() ?>
    <?php include_metas() ?>
    <?php include_title() ?>
    <link rel="shortcut icon" href="/favicon.ico" />
    <?php  use_stylesheet('formation.css') ?>
    <?php include_stylesheets() ?>

    <?php include_javascripts() ?>
  </head>
  <body>
    <div id="principal">
    <div id="bandeau"></div>
    <div id="contenu"><?php echo $sf_content ?></div>
    <div id="pied_page">Copyright Formalangue</div>
  </div>

  </body>
</html>
```

Vous avez noté l'utilisation du helper *user_stylesheet* pour ajouter votre feuille de style.

4.2 Modifier les templates

C'est le template newSuccess.php qui vous intéresse.

Vous allez donc modifier le template newSuccess.php comme ceci :

```
<div>

<div id="presentation">
<p>La société Formlangue propose des formations...</p>

</div>


</div>

<h3>Pour obtenir un devis</h3>
<h4>Veuillez remplir ce formulaire</h4>

<div id="form_devis">
<?php include_partial('form', array('form' => $form)) ?>
</div>
```

Vous reconnaissez le helper *include_partial*. Ce dernier fait appel au partial de formulaire *_form.php*.

Vous allez également modifier ce partial, car initialement il permet de supprimer un devis et afficher un lien vers la liste des devis.

- Modifiez comme ceci :

```
<?php use_stylesheets_for_form($form) ?>
<?php use_javascripts_for_form($form) ?>

<form action="<?php echo url_for('devis/'.($form->getObject()->isNew() ?
'create' : 'update').(!$form->getObject()->isNew() ?
'?id_devis='.$form->getObject()->getIdDevis() : '')) ?>
" method="post" <?php $form->isMultipart() and print 'enctype=
"multipart/form-data" ' ?>
<?php if (!$form->getObject()->isNew()): ?>
<input type="hidden" name="sf_method" value="put" />
<?php endif; ?>
  <table>
    <tfoot>
      <tr>
        <td colspan="2">


          <input type="submit" value="Demander un devis" />
```

```
        </td>
      </tr>
    </tfoot>
    <tbody>
      <?php echo $form ?>
    </tbody>
  </table>
</form>
```

- Il vous faut une méthode, en cas de succès, pour avertir le demandeur que son devis va être traité. Créez la méthode `executeDevisenvoye` :

```
public function executeDevisenvoye(sfWebRequest $request)
  {

  }
```

La méthode ne fait rien d'autre qu'appeler le template correspondant. Vous devez créer ce template, que vous allez nommer devisenvoyeSuccess.php.

Il ne contient que ce code HTML :

```
<p>
Merci pour votre demande, nous allons la traiter dans les plus
brefs delais.
<?php echo link_to('Retour','devis/index'); ?>
</p>
```

- Il aurait été possible aussi d'afficher un message Flash. Nul besoin, dans ce cas, de créer un nouveau template. Dans le template newSuccess.php, à la fin du fichier, ajoutez le message Flash comme ceci :

```
<?php if ($sf_user->hasFlash('noerror')): ?>
  <div class="noerror"><?php echo $sf_user->getFlash('noerror') ?></div>
<?php endif ?>
```

- Dans la classe `action` du module, modifiez la méthode `processForm` comme ceci :

```
protected function processForm(sfWebRequest $request, sfForm $form)
  {
    $form->bind($request->getParameter($form->getName()),
$request->getFiles($form->getName()));
    if ($form->isValid())
    {
      $devis = $form->save();
      $this->getUser()->setFlash('noerror',
"Nous avons bien pris en compte votre demande et allons la traiter
```

```
dans les plus bref délais.");
        $this->redirect('@homepage');
      }
  }
```

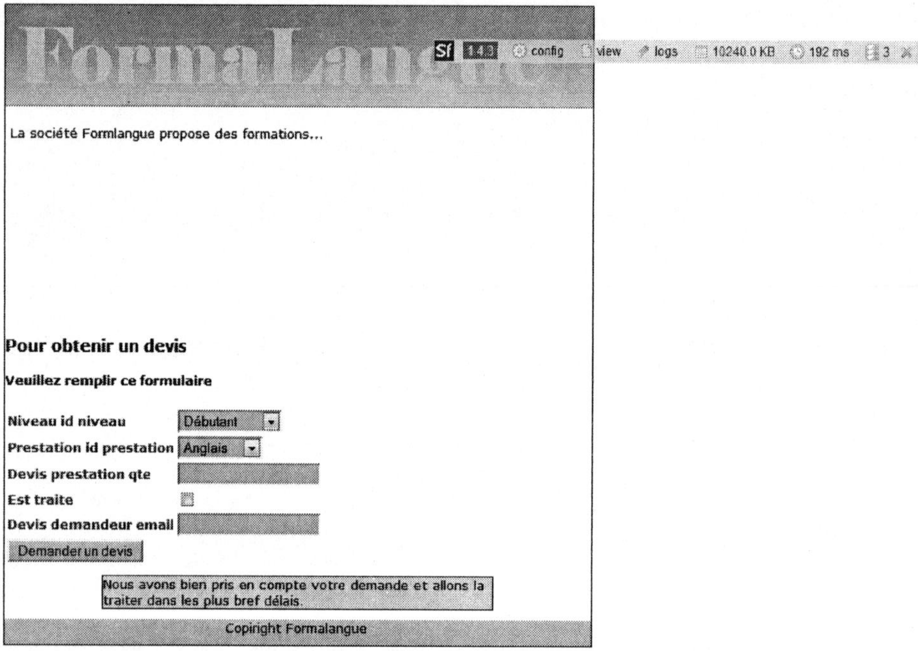

Un formulaire

La case à cocher **Est traite** est présente et les titres des champs ne sont pas ceux que vous souhaitez. Vous verrez comment remédier à cela dans le prochain chapitre, qui traitera de la gestion des formulaires.

5. Ajouter une interface d'administration

Pour gérer le traitement des devis, vous allez utiliser le générateur d'admin comme ceci :

```
php symfony doctrine:generate-admin gestion Devis --module=devis
```

▶ Pour le traitement des prestations et des niveaux, tapez ces commandes :

```
php symfony doctrine:generate-admin gestion Prestation --module=
prestation

php symfony doctrine:generate-admin gestion Niveau --module=niveau
```

Comme pour l'application formation, vous allez ajouter une feuille de style pour l'application gestion.

Il faut permettre aux administrateurs d'accéder aux devis, quand ils traitent les prestations et vice versa. Il en va de même pour les niveaux.

▶ Modifiez donc le fichier layout.php de l'application gestion et ajoutez une barre de navigation comme ceci :

```
<div id="nav">
    <ul>
      <li><?php echo link_to('Prestation','prestation/index'); ?></li>
      <li><?php echo link_to('Niveau','niveau/index'); ?></li>
      <li><?php echo link_to('Devis','devis/index'); ?></li>
    </ul>
     </div>
```

Vous utilisez ici le helper *link_to*, qui fabrique un lien HTML en prenant en paramètre le nom du lien et son adresse.

Comme vous l'avez appris dans le chapitre Utiliser le générateur d'admin, vous allez modifier le fichier generator.yml et afficher le nom des rubriques et le titre des pages correctement.

▶ Modifiez le fichier comme ceci :

```
config:
      actions:
      fields:
        id_devis: { label: ID }
        niveau_id_niveau: { label: Niveau }
        prestation_id_prestation: { label: Prestation }
```

```
    devis_prestation_qte: { label: Quantité }
    est_traite: { label: Traité }
    devis_demandeur_email: { label: Email du demandeur }
  list:
    title: Gestion des devis
  filter:  ~
  form:    ~
  edit:
    title: Modifier
  new:
     title: Ajouter un devis
```

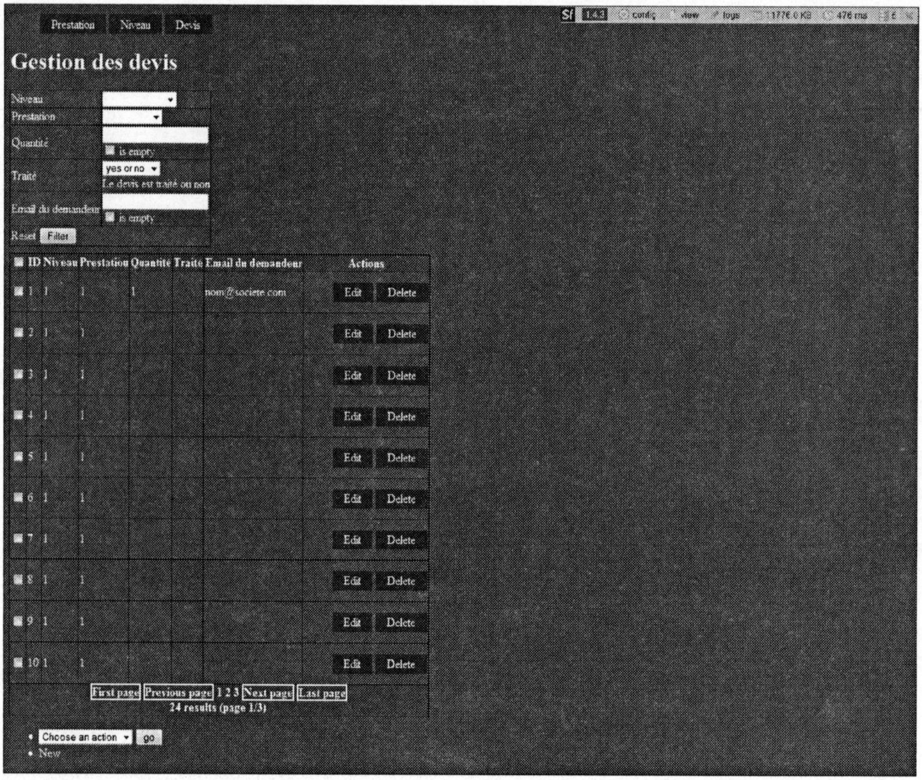

Le formulaire modifié

6. Conclusion

Vous venez de vous en apercevoir : concevoir un projet avec Symfony commence à devenir de plus en plus facile. La mise en pratique de ce que vous avez appris vous a montré comment venir à bout des spécificités que la création d'un nouveau projet peut engendrer. Cependant, vous vous êtes rendu compte que vous aviez des lacunes dans la gestion des formulaires ; ce sujet est abordé dans le chapitre suivant.

Chapitre 9
Aller plus loin avec les formulaires

1. Les classes sfForm et sfWidget

Vous avez pu utiliser des formulaires dans les deux derniers projets. Symfony facilite grandement l'utilisation des formulaires, ce qui se révèlent d'une grande importance dans la création d'applications web en PHP.

Gérer les formulaires sans framework est un travail fastidieux. Il faut écrire le code HTML des formulaires, gérer la validation.

Vous avez généré des modules dans le chapitre précédent. Vous aviez remarqué qu'il restait des modifications à apporter aux formulaires générés.

Observez le répertoire C:\wamp\www\projet_formalangue\lib\form\doctrine. Il contient toutes les classes des formulaires utilisés dans le projet et générés par Doctrine. Par exemple, `DevisForm.class.php` est la classe des formulaires des devis.

Bien sûr, vous pouvez créer des formulaires sans avoir besoin d'utiliser Doctrine. Par exemple, si vous souhaitez ajouter un formulaire de contact au projet Mondevis du chapitre Mettre en pratique Symfony, vous n'avez pas besoin de générer un module CRUD.

Une classe de formulaire doit hériter de la classe *sfForm*. La classe bénéficiera ainsi de toutes les méthodes pour construire et agir sur le formulaire. Un formulaire est composé de champs. Dans Symfony, c'est la classe *sfWidget* qui permettra de gérer ces champs.

Par exemple, créez la classe *lib/form/ContactForm.class.php* comme ceci :

```
<?php
class ContactForm extends BaseForm
{
}
?>
```

La classe hérite de *BaseForm*, qui elle-même, hérite de *sfFormSymfony*. La classe *sfForm* hérite aussi de *sfFormSymfony*.

Dans votre formulaire, vous aurez deux champs pour la saisie d'un e-mail et d'un message. Le champ mail est un champ input de type text et le champ message un champ de type textarea.

La classe devient donc :

```
class ContactForm extends BaseForm
{
  public function configure()
  {
    $this->setWidgets(array(
      'email'   => new sfWidgetFormInputText(),
      'message' => new sfWidgetFormTextarea(),
    ));
  }
}
```

La méthode *configure* vous permet de gérer les champs du formulaire. La classe *sfWidgetFormInputText* permet de gérer des champs input de type text.

Nous n'allons pas ici citer toutes les méthodes de gestion de widget. Vous pouvez vous reporter à la documentation http://www.symfony-project.org/api/1_4/, qui contient toutes les méthodes.

➤ Pour voir votre formulaire, créez un module *contact* :

```
php symfony generate:module formation contact
```

- Supprimez la ligne dans le fichier \apps\formation\modules\contact\actions :

```
$this->forward('default', 'module');
```

- Dans le template apps\formation\modules\contact\templates\ indexSuccess.php, ajoutez :

```
<form>

  <table>
    <tr>
      <td><?php echo $form; ?></td>
    </tr>
    <tr>
      <td><input type="Submit" value="Envoyer"></td>
    </tr>
  </table>
</form>
```

Avant de pouvoir visualiser le résultat, il faut modifier le fichier de routage routing.yml :

```
contact_index:
  url:   /contact
  param: {module:contact, action: index }
```

Maintenant, vous pouvez observer votre formulaire à cette adresse : http://formalangue.sitedev/formation_dev.php/contact

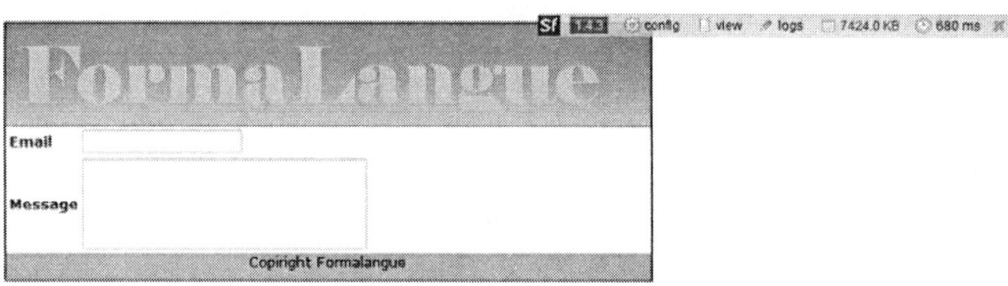

Un formulaire de contact

Si vous regardez le code généré du formulaire, vous pouvez noter que la présentation est faite sous forme de tableau.

1.1 Les champs INPUT

Il peut être plus utile de définir soi-même un formulaire et les champs qui le composent, plutôt que de se contenter d'un simple echo *$form*.

sfForm implémente la classe ArrayAccess fournie par la SPL (*Standard PHP Library*). C'est pourquoi l'on peut accéder aux widgets, en utilisant *$form* comme un tableau associatif.

Pour afficher des champs, plusieurs méthodes existent :
- *renderLabel()* retourne le code HTML du label d'un widget.
- *render()* retourne le code HTML du widget.
- *renderRow()* va afficher la ligne du widget, comme si vous aviez utilisé les deux méthodes précédentes.
- *renderError()* génère les messages d'erreurs du champ. Un peu plus loin, vous verrez comment réaliser la validation des formulaires.
- *renderLabel()* permet d'afficher le label d'un champ.

Par exemple pour afficher une ligne de formulaire :

```
<?php echo $form['message']->render() ?>
```

Dans le dernier exemple, vous avez généré les champs du formulaire de contact dans la classe *ContactForm*.

Il est possible de générer un champ, mais aussi de redéfinir un champ. Si vous prenez par exemple le champ *est_traite* du formulaire de gestion des devis, vous vous apercevez que, dans la partie publique, ce champ ne doit pas être une case à cocher. Étant de type booléen, Doctrine a généré celui-ci de la sorte.

Vous pouvez modifier cela dans la classe *DevisForm* du répertoire projet_formalangue\lib\form\doctrine\ comme ceci :

```
    $this->widgetSchema['est_traite'] = new sfWidgetFormInputHidden();
```

Vous pouvez accéder à tous les widgets générés par Doctine grâce à *$this-> widgetSchema*, en utilisant les champs désirés comme clés du tableau associatif.

Vous transformez donc une case à cocher en champ caché. L'ennui est que le comportement en case à cocher convient tout à fait à la gestion des devis dans la partie privée. La solution consiste à réaliser la modification dans le contrôleur comme ceci :

```
public function executeNew(sfWebRequest $request)
{
  $this->form = new devisForm();
  $widget_schema = $this->form->getWidgetSchema();
  $widget_schema['est_traite'] = new sfWidgetFormInputHidden();
}
```

Vous générez un objet *$widget_schema* et vous l'utilisez de la même manière que précédemment.

1.2 Les labels

Lorsque vous générez un champ, celui-ci s'affichera avec un label qui, par défaut, sera le nom du widget. Il est possible de définir les labels des champs du formulaire. Dans le chapitre précédent, vous n'étiez pas en mesure de réaliser cette modification. Vous connaissez à présent les classes *sfForm* et *sfWidget*. Pour modifier les labels du formulaire de demande de devis, modifiez la classe *devisForm* ainsi :

```
$this->widgetSchema->setLabels(array(
      'niveau_id_niveau'     => 'Votre Niveau',
      'devis_demandeur_email'    => 'Votre Email',
      'devis_prestation_qte'    => 'Nombre d\'heures',
      'prestation_id_prestation'    => 'Langue',

    ));
```

1.3 Ajouter des attributs

Les champs de formulaire possèdent des attributs comme les autres balises HTML, telles que `class` ou `id`.

Par défaut, Symfony va créer des attributs. Par exemple, pour le champ email du formulaire de contact :
- Le nom du widget est email.
- L'attribut name est email.
- L'attribut id est contact_email.

Ce qui donne en HTML :

```
<input type="text" id="email" name="email" />
```

Lors de la création du formulaire, vous pouvez ajouter l'instruction suivante :

```
$this->widgetSchema->setNameFormat('contact[%s]');
```

Cela permet d'avoir comme attribut *name* un tableau *contact[email]*.

Pour définir vos propres attributs :

```
$champEmail = new sfWidgetFormInput(array(), array('class' =>
 'maclassemail', 'id' => 'unIDemail'));
```

Ce qui produit le code HTML :

```
<input type="text" name="maclassemail" id="'unIDemail'" />
```

1.4 Les valeurs par défaut

Pour la partie publique, vous avez modifié la case à cocher **est_traite** en champs cachés hidden. Quand un demandeur saisit une demande, le devis ne peut être traité. Vous allez donc définir la valeur par défaut du champ toujours dans le contrôleur comme ceci :

```
$this->form->setDefault("est_traite", '0');
```

1.5 Rediriger un internaute

Dans le traitement des formulaires, le processus est souvent le même. L'utilisateur saisit des informations dans un formulaire, puis clique sur un bouton submit. Les données sont examinées et si elles sont valides, l'internaute est redirigé vers une page de confirmation.

La méthode *redirect* va permettre la redirection. Lors de la redirection, il peut être utile de passer les paramètres qui ont été traités. Pour cela, il existe une fonction qui va encoder les paramètres, de manière à pouvoir les passer à une méthode du contrôleur.

La redirection avec Symfony a cette syntaxe :

```
$this->redirect('contact/methode?'.http_build_query($mesparametres));
```

2. La validation des saisies

La gestion des formulaires nécessite de l'attention. En effet, transmettre ce que l'utilisateur a saisi à travers la toile pour l'enregistrer dans la table d'une base de données est une chose, mais il faut s'appliquer à vérifier que ces données sont cohérentes par rapport au type de données attendu.

Dans de nombreux frameworks, ce traitement des formulaires se nomme Validation. Symfony propose un système de validation très performant.

2.1 Présentation

Les formulaires et les champs de formulaires sont traités dans Symfony par les classes *sfForm* et *sfWidget*. Les validations de formulaires sont elles aussi traitées par des classes. Selon le type du champ et la manière dont la validation est gérée, vous pouvez être amené à utiliser différentes classes.

Par exemple, pour gérer des erreurs de chaînes de caractères, vous pouvez employer la classe *sfValidatorString*.

2.2 La classe sfValidatorBase

La classe *sfValidatorBase* est à la base de toutes les classes de validation. Lorsque vous êtes amené à redéfinir des propriétés de validation, par exemple en créant vos propres méthodes de validation, pensez à hériter de cette classe.

2.3 Les types de validation

Le type de validation le plus répandu est le champ obligatoire. Dans le projet Mondevis, l'adresse email du demandeur est obligatoire.

Tous les validateurs héritent des options *required*, provenant de la classe *sfValidatorBase*. Cette option permet d'indiquer si un champ est obligatoire.

La validation des adresses électroniques

Vous allez gérer les erreurs de saisie pour le champ *devis_demandeur_email* avec la classe *sfValidatorSchema*.

Les classes *sfValidatorSchema* et *sfWidgetFormSchema* implémentent l'interface ArrayAccess.

Vous pouvez donc écrire dans le fichier \lib\form\doctrine\devisForm.class.php :

```
$this->validatorSchema['devis_demandeur_email'] =
new sfValidatorEmail(array('required' => true));
```

Le validateur va vérifier que le champ email du demandeur dans le devis a bien été saisi et que son email est valide.

Le formulaire a été généré par Doctrine. La gestion de la validation dans les templates est opérationnelle. En effet, le fonctionnement de la validation doit passer par l'utilisation d'une méthode *ProcessForm*. Cette méthode va recevoir une information, qui indique si le formulaire est valide ou non. En cas de succès, l'enregistrement des données est réalisé. En cas d'échec, grâce à une méthode *bind*, vous pourrez récupérer la valeur des champs postés.

Extrait du code *apps\formation\modules\devis\actions\action.class.php* :

```
protected function processForm(sfWebRequest $request, sfForm $form)
  {
    $form->bind($request->getParameter($form->getName()),
$request->getFiles($form->getName()));
    if ($form->isValid())
    {
      $devis = $form->save();
      $this->getUser()->setFlash('noerror',
"Nous avons bien pris en compte votre demande et allons la traiter dans
les plus bref délais.");
      $this->redirect('@homepage');
    }
```

Les chaînes de caractères

Avec le validateur *sfValidatorString*, il est possible de gérer les erreurs sur les longueurs de chaînes.

Pour gérer la taille maximum et minimum :

```
$this->validatorSchema['devis_demandeur_email'] =>
new sfValidatorString(array('min_length' => 2, 'max_length' => 2));
```

Mixer les validations

Le champ email du formulaire de devis doit être valide et doit être inférieur à 200 caractères, car il est défini en varchar(200) dans la base de données.

Il existe des opérateurs booléens parmi les validateurs. Ces validateurs sont : sfValidatorAnd et sfValidatorOr.

Pour le champ email vous avez :

```
  $this->validatorSchema['devis_demandeur_email'] =
new sfValidatorAnd(array(
      new sfValidatorString(array('max_length' => 200)),
      new sfValidatorEmail(array('required' => true)),
    ));
```

En vous rendant à cette URL http://formalangue.sitedev/formation_dev.php/devis/create pour tester les validations après de mauvaises saisies volontaires, vous obtenez l'écran suivant :

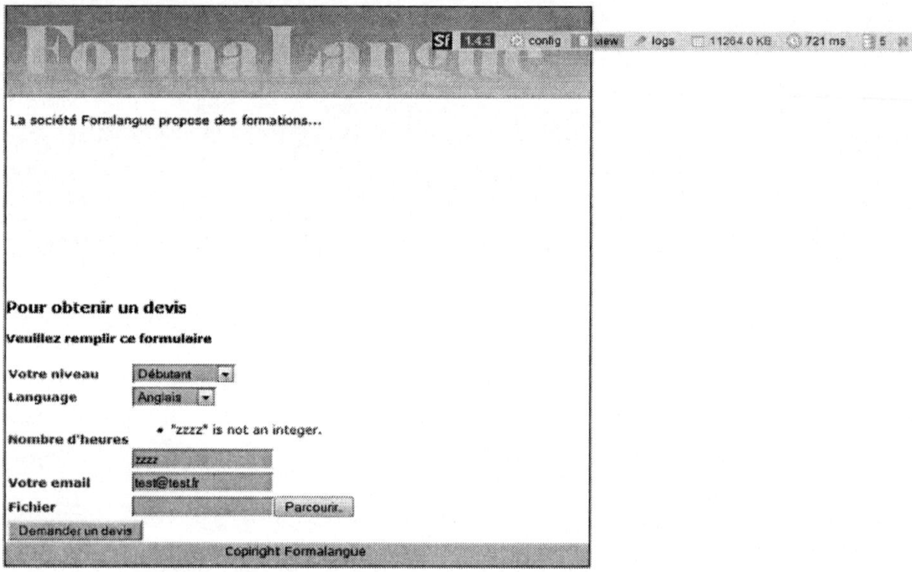

La validation

2.4 Personnaliser les messages d'erreur

Les messages d'erreur ne vous conviennent peut-être pas. Ils ne sont pas en français, mais cela, vous apprendrez plus tard à le gérer. Vous aimeriez surtout qu'ils soient plus parlants. Par exemple, pour avertir l'utilisateur qu'un champ **email** est obligatoire, vous aimeriez afficher autre chose que required.

La personnalisation de la validation consiste à ajouter un deuxième argument aux objets de validation.

Par exemple :

```
new sfValidatorString(array('max_length' => 200),array('max_length'=>
'Maximum 200 caractères'))
```

La personnalisation peut aller plus loin. Vous souhaiteriez afficher : "La longueur du champ email est de x caractères.".

Cela est possible. Vous aimeriez aussi pouvoir utiliser la saisie de l'utilisateur pour, par exemple, lui indiquer que ce qu'il a saisi ne convient pas dans une phrase comme : "Vous avez saisi nom@societe cette adresse n'est pas valide.".

Pour utiliser la saisie de l'utilisateur, employez *%value%*. Dans le cas d'une longueur vous pouvez employer, comme dans l'exemple ci-dessous, "*%max_lenght%*".

Par exemple comme ceci :

```
$this->validatorSchema['devis_demandeur_email'] =
new sfValidatorString(array('max_length' => 200),array('max_length'=>
'L\'adresse email doit contenir au Maximum %max_length% caractères'));
    $this->validatorSchema['devis_demandeur_email'] = new sfValidatorEmail(
array(),array('invalid'=>'Vous avez saisi %value%
Cette adresse est invalide','required'=>'Le champ email est obligatoire'));
```

2.5 Le téléchargement de fichiers

Développer complètement un système de téléchargement de fichiers est un travail long et compliqué. Pourtant, cela est loin d'être anecdotique dans la création d'applications web.

Vous allez modifier votre formulaire de contact afin de laisser la possibilité aux visiteurs de fournir une pièce jointe avec leur message.

Comme pour le champ **est_traite**, vous allez utiliser *widgetSchema* dans la méthode *configure* de la classe *DevisForm*.

Ajoutez cette ligne :

```
$this->widgetSchema['fichier']      = new sfWidgetFormInputFile();
```

Vous allez également ajouter une validation. Pour ce qui concerne les fichiers, c'est le validateur *sfValidatorFile* qui sera utilisé. Vous allez empêcher l'upload de fichiers de plus de 1024 bits.

Ajoutez cette ligne :

```
$this->validatorSchema['fichier'] =
new sfValidatorFile(array('required'=>false, 'max_size'=>'1024'),
array('max_size'=>'La taille maximale est de %max_size%  bit'));
```

Uploder un fichier nécessite de le stocker sur le serveur. Dans la configuration par défaut de Symfony, les fichiers sont uploadés dans le répertoire \web\uploads. Pour terminer l'upload, il reste à ajouter à la méthode *processForm* de la classe *devisActions* le traitement du fichier uploadé.

Ajoutez ces lignes :

```
$file = $this->form->getValue('fichier');
    $filename = 'uploaded_'.sha1($file->getOriginalName());
    $extension = $file->getExtension($file->getOriginalExtension());
    $file->save(sfConfig::get('sf_upload_dir').'/'.$filename.$extension);
```

Le traitement est le suivant : le fichier est récupéré, puis il est renommé avec un nom unique composé d'un préfixe *uploaded_* concaténé avec le cryptage du nom d'origine du fichier, on récupère l'extension du fichier. Enfin, on recopie le fichier dans le répertoire par défaut des uploads dans Symfony.

Vous avez pu vous familiariser avec les formulaires de Symfony. Le chapitre suivant vous permettra de parfaire votre connaissance. Il traite de l'internationalisation et vous y entendrez à nouveau parler de formulaires.

Chapitre 10
Utiliser l'internationalisation dans Symfony

1. Qu'est-ce que l'internationalisation ?

L'internationalisation ou i18n consiste à préparer un logiciel pour qu'il s'adapte à différentes cultures. Dans la programmation de sites web, il n'est pas rare de devoir tenir compte de l'internationalisation. I18n est l'abréviation d'internationalisation. Le mot compte 18 lettres, il commence par i et finit par n.

2. Qu'est-ce que la localisation ?

On parle de localisation pour désigner le processus de traduction d'une interface logiciel. On devrait plutôt parler de régionalisation car localisation est une mauvaise traduction de localization. Comme pour l'internationalisation, la régionalisation a une abréviation. Il s'agit de L10N, car ce terme vient de l'anglais localization, il comporte 10 lettres, commence par l et finit par n.

3. La culture de l'utilisateur

Dans Symfony, les notions d'internationalisation et de régionalisation sont regroupées dans celle de culture. La culture est la combinaison du pays de l'utilisateur et de sa langue.

3.1 Présentation

Par exemple, la culture d'une personne qui parle le français est **fr**. La culture d'une personne française qui habite en France est **fr_FR**. Si vous devez tenir compte de la culture d'un utilisateur, vous devrez reconnaître la culture de l'utilisateur.

Laissez à ce dernier la possibilité de choisir une culture. Prévoyez les formats de date, d'heure et de monnaie par exemple. Dans les formulaires, vous devrez gérer la validation en tenant compte de la culture du visiteur.

Tout cela fait l'objet de ce chapitre. Pour commencer, vous allez apprendre à gérer la culture des utilisateurs.

3.2 Gérer les cultures

Dans vos projets, l'utilisateur est désigné par *$this->getUser* dans les actions. Jusqu'ici vous utilisiez *$this->getUser* dans les sessions et les messages Flash.

- Pour affecter à l'utilisateur sa culture ou la récupérer, utilisez les méthodes *setCulture* et *getCulture* :

```
//Définir la culture
$this->getUser()->setCulture('fr_BE');
//Obtenir la culture
$this->getUser()->getCulture();
```

Dans les templates :

```
//Définir la culture
$sf_user->setCulture('fr_BE');
//Obtenir la culture
$sf_user->getCulture();
```

Pour découvrir les cultures, vous allez revenir sur le projet **Bulletin** et utiliser le module exercice.

▸ Dans l'action, dans la méthode *executeIndex*, ajoutez cette ligne :

```
$this->culture = $this->getUser()->getCulture();
```

▸ Dans le template *indexSuccess*, ajoutez ces lignes :

```
<p>Votre Culture: <?php echo $culture; ?></p>
<p>Votre Culture: <?php echo $sf_user->getCulture();?></p>
```

Vous avez maintenant une trace de la culture de l'utilisateur.

Pour aller plus loin, vous allez utiliser une méthode qui permet de connaître les langues acceptées par un utilisateur.

▸ Ajoutez cette ligne dans la méthode *executeIndex* :

```
$this->langages = $request->getLanguages();
```

Ainsi que ces lignes dans le template :

```
<?php foreach($langages as $l): ?>
<p>Vous acceptez la langue: <?php echo $l; ?></p>
<?php endforeach; ?>
```

Vous pouvez obtenir ces lignes en testant l'adresse http://meteo.sitelocal/meteo_dev.php/exercice dans votre navigateur :

```
Vous acceptez la langue: fr_FR
Vous acceptez la langue: fr
Vous acceptez la langue: en_US
Vous acceptez la langue: en
```

Il vaut mieux utiliser la méthode *getPreferredCulture*, qui, elle, renvoie les langues préférées de l'utilisateur et est supportée par le navigateur.

Cette méthode s'utilise ainsi :

```
$this->preflanguage = $request->getPreferredCulture(array('en', 'fr'));
```

4. La culture dans les URL

4.1 Présentation

Il doit être possible à n'importe quel moment de gérer la culture de l'utilisateur. Par exemple, pour le projet **BulletinMeteo**, nous souhaitons maintenant permettre l'affichage des bulletins en langue française et anglaise. Pour que l'utilisateur puisse lui-même décider s'il veut un affichage en anglais ou en français, vous allez ajouter à l'URL d'affichage d'un bulletin la notion de culture.

La première des choses à faire est d'intégrer la culture dans le routage. Pour cela, il faut modifier le routage en utilisant *`/:sf_culture`* comme préfixe dans les URL.

Le fichier de routage :

```
homepage:
  url:   /
  param: { module: home, action: index }

default_index:
  url:   /:sf_culture/home
  param: { action: index }

show_bulletin:
  url:   /:sf_culture/modulecrud/show/:id_bulletin/:ville_bulletin
  class: sfDoctrineRoute
  options: {model: BulletinMeteo, type: object }
  params: {module:modulecrud, action: show}
  requirements:
    id_bulletin: \d+
    sf_method: [get]

home_index:
  url:   /:sf_culture/home/index
  params: {module: home, action: index}

default:
  url:   :module/:action/*
```

4.2 Exemples

Pour illustrer la culture dans les URL, vous allez faire en sorte que le message de bienvenue de la page des bulletins météo soit accessible en anglais ou en français, et que la date soit affichée au format anglais ou français. L'utilisateur pourra choisir de modifier la langue.

Vous apprenez Symfony et vous commencez à connaître de mieux en mieux l'outil. Vous vous rendez compte du temps qu'il est possible de gagner notamment quand il s'agit du générateur d'admin. Quand vous serez vraiment à l'aise avec Symfony, vérifiez toujours si un plugin ne peut pas convenir pour résoudre le problème que vous avez à régler.

Un plugin offre la possibilité de mutualiser votre code. Vous pouvez alors facilement réutiliser vos classes, vos helpers et bien d'autres ressources.

Vous pouvez également utiliser des plugins publics, que vous pouvez trouver sur le site dédié aux plugins Symfony :
http://www.symfony-project.org/plugins/

Un moteur de recherche vous permettra de trouver le plugin correspondant à votre version de Symfony et votre ORM.

Il existe un plugin qui serait utile dans le développement que vous êtes en train de réaliser. Il s'agit du plugin *sfFormExtraPlugin*.

Vous le trouverez à cette adresse :
http://www.symfony-project.org/plugins/sfFormExtraPlugin

La gestion des plugins ne sera pas abordée ici. Vous allez vous concentrer sur les notions de cultures, avant d'utiliser des plugins.

Remarque

Cependant, une bonne pratique de Symfony consiste à utiliser un plugin au lieu de réinventer la roue.

Vous allez tout simplement placer deux liens dans le template indexSuccess.php du module *home* sur lequel l'utilisateur ira cliquer, pour indiquer la langue qu'il souhaite.

◘ Ajoutez ces lignes tout en haut du template :

```
<p><?php echo link_to('Anglais','home/langue?lang=fr'); ?></p>
<p><?php echo link_to('Français','home/langue?lang=en'); ?></p>
```

Les liens pointent vers la méthode `executeLangue` du contrôleur.

En fonction du paramètre langue, cette méthode modifie la culture de l'utilisateur et le redirige en passant par la route *@home_index*.

Ci-dessous la méthode :

```
public function executeLangue(sfWebRequest $request)
  {
    if ($request->getParameter('lang')=='fr')
    {
    $this->getUser()->setCulture('fr_FR');
      }
      else if($request->getParameter('lang')=='en')
      {
    $this->getUser()->setCulture('en_UK');
    }
    $this->redirect('@home_index');
  }
```

Il vous reste à traduire le message de bienvenue, mais vous n'avez pas à gérer la présentation de la date. En effet, en changeant la culture de l'utilisateur, les helpers, comme `format_date`, s'adaptent à la culture.

Pour utiliser ce helper, il faut écrire les lignes suivantes :

```
<?php use_helper('Date'); ?>
<?php slot('messageB',$messageBienvenue.format_date(date('Y-m-d')));?>
```

5. Gérer l'encodage

La langue anglaise ne contient que des caractères ASCII. Pour la langue française, c'est beaucoup plus compliqué car il existe des caractères accentués et d'autres caractères non-ASCII. Les langues, comme le russe ou le chinois, sont encore plus complexes au niveau du codage.

C'est pourquoi une norme a été créée. Il s'agit de l'unicode.

L'unicode serait la solution idéale pour Internet, la norme mettant à disposition les caractères de toutes les langues. Cependant, l'unicode est beaucoup trop gourmand pour le web. C'est pourquoi Symfony utilise par défaut l'encodage en utf-8, qui sans entrer dans les détails bénéficie des qualités d'unicode, sans réclamer autant de ressources.

Pour plus d'informations sur unicode, consultez le site en anglais : http://unicode.org/

6. Traduction

6.1 Présentation

Dans votre site ou dans votre application, vous avez plusieurs éléments à internationaliser ou à régionaliser. Vous pouvez avoir à gérer les contenus textes statiques, qui comprennent les textes et les liens. À la fin du chapitre précédent était évoquée la notion d'internationalisation dans les formulaires. Vous verrez effectivement comment gérer, par exemple, les messages d'erreur lors de la validation. Vous pouvez aussi avoir à gérer le texte provenant de vos tables.

La traduction dans Symfony passe par le module i18n. Quand un helper **__( )** est utilisé, le framework va chercher s'il existe la traduction dans un dictionnaire au format XLIFF (*XML Localisation Interchange File Format*).

Le format XLIFF est un format basé sur le XML qui standardise la localisation.

Voici un exemple de fichier :

```
<?xml version="1.0" encoding="UTF-8"?>
<!DOCTYPE xliff PUBLIC "-//XLIFF//DTD XLIFF//EN"
"http://www.oasis-open.org/committees/xliff/documents/xliff.dtd">
<xliff version="1.0">
  <file source-language="EN" target-language="fr"
datatype="plaintext" original="messages" date="2009-08-11T20:03:44Z"
product-name="messages">
    <header/>
    <body>
      <trans-unit id="1">
```

```
        <source>This is a example</source>
        <target/>
      </trans-unit>
    </body>
  </file>
</xliff>
```

6.2 Le helper __()

Le helper **__()** peut être chargé automatiquement en configurant le fichier apps/meteo/config/setting.yml.

Il faut aussi activer le i18n.

Par la même occasion, vous allez aussi charger d'autres helpers utiles comme ceci :

```
i18n: on
standard_helpers: [Partial, Cache, I18N, Date]
```

Vous allez utiliser le helper **__()** dans le template du module *home*, en ajoutant le code suivant avant le partial bulletins :

```
<h2><?php echo __('The weather');?></h2>
```

Remarque

Le helper __() s'écrit avec deux underscores.

Les dictionnaires de traduction se trouvent dans le répertoire apps/frontend/i18n/, regroupés dans des répertoires représentant les cultures.

- En saisissant la commande suivante, vous allez générer un fichier de langue demandée :

```
php symfony i18n:extract meteo fr --auto-save
```

La commande répond :

```
>> i18n      extracting i18n strings for the "meteo" application
>> i18n      found "1" new i18n strings
>> i18n      found "0" old i18n strings
>> i18n      saving new i18n strings
```

Il existe maintenant un dictionnaire de langue, dans le répertoire apps/frontend/i18n/fr/messages.xml.

- Ajoutez la traduction de l'anglais vers le français, en modifiant la balise *target* du fichier comme ceci :

```
<?xml version="1.0" encoding="UTF-8"?>
<!DOCTYPE xliff PUBLIC "-//XLIFF//DTD XLIFF//EN"
"http://www.oasis-open.org/committees/xliff/documents/xliff.dtd">
<xliff version="1.0">
  <file source-language="EN" target-language="fr" datatype="plaintext"
original="messages" date="2010-05-09T11:02:15Z" product-name="messages">
    <header/>
    <body>
      <trans-unit id="1">
        <source>The weather</source>
        <target>La météo</target>
      </trans-unit>
    </body>
  </file>
</xliff>
```

- Utilisez les liens pour vérifier le fonctionnement. La culture est bien prise en compte au niveau de l'internationalisation et de la régionalisation.
- Pour le message de bienvenue, réalisez la même opération en modifiant le slot comme ceci :

```
<?php slot('messageB') ?>
  <?php echo __('Welcome to the website of your city. We are').'
'.format_date(date('Y-m-d')); ?>
<?php end_slot() ?>
```

- Vous allez maintenant revenir au formulaire de demande de devis du projet Mondevis.

Vous avez les labels suivants :

```
$this->widgetSchema->setLabels(array(
      'niveau_id_niveau'    => 'Your Level',
      'devis_demandeur_email'    => 'Your email',
      'devis_prestation_qte'    => 'Number of hour',
      'prestation_id_prestation'    => 'Language',

    ));
```

- Étant donné que vous connaissez les dictionnaires i18n, créez un fichier devis_form.fr.xml comme ceci :

```
<?xml version="1.0" ?>
<xliff version="1.0">
  <file original="global" source-language="en" datatype="plaintext">

    <header/>
    <body>
      <trans-unit id="1">
        <source>Your Level</source>
        <target>Votre niveau</target>
      </trans-unit>
       <trans-unit id="2">
        <source>Your email</source>
        <target>Votre email</target>
      </trans-unit>
       <trans-unit id="3">
        <source>Number of hour</source>
        <target>Nombre d'heures</target>
      </trans-unit>
       <trans-unit id="4">
        <source>File</source>
        <target>Fichier</target>
      </trans-unit>

    </body>
  </file>
</xliff>
```

Il faut indiquer au formulaire qu'il existe des traductions pour les champs.

- Dans la configuration du formulaire, ajoutez :

```
$this->widgetSchema->getFormFormatter()->setTranslationCatalogue
('devis_form');
```

- Mettez à jour le cache de Symfony :

```
php symfony cc
```

Les labels de votre formulaire sont internationalisés.

Pour en faire de même avec les messages d'erreur de vos validations, modifiez le dictionnaire ainsi :

```
<source>Email address lenght must be less than %max_length%
letters</source>
    <target>Votre adresse ne doit pas dépasser %max_length% caractères
</target>
  </trans-unit>
   <trans-unit>
    <source>This email address is invalid</source>
    <target>Cette adresse est invalide</target>
  </trans-unit>
   <trans-unit>
    <source>The max size is %max_size%  bits</source>
    <target>La taille maximum est %max_size%  bits </target>
```

Vous savez maintenant gérer une partie de l'internationalisation dans Symfony. La dernière partie du chapitre porte sur l'internationalisation des données de vos tables.

7. Traduction avec Doctrine

Vous n'aviez pas, jusqu'à présent, eu besoin d'intégrer la notion d'internationalisation au niveau des données. Vous aviez géré le format de date mais cela s'arrêtait là. Si votre futur projet nécessite de gérer la culture des utilisateurs, le réflexe en tant que programmeur sera d'intégrer, dans vos modèles de données, la notion de langue. Par exemple, pour un projet contenant des produits à internationaliser, vous définirez une table avec des produits proposant un champ langue et un champ contenant une traduction. C'est le mécanisme qui est automatiquement réalisé avec les objets Doctrine.

Générez, dans le projet **Bulletin**, les objets Doctrines à partir du schema.yml suivant :

```
Produits:
  actAs:
    Timestampable: ~
    I18n:
      fields: [nom]
  columns:
    nom: { type: text, notnull: true }
```

- Utilisez le raccourci suivant :

```
Php doctrine:build --all
```

Deux tables ont été créées :

Produit et produits_translation unies par une relation 1 à plusieurs.

Pour insérer un jeu de données qui tient compte de l'internationalisation, la syntaxe du fichier yml doit intégrer la culture comme ceci :

```
Produits:
  prod1:
    Translation:
      en:
        nom: Téléphone
      fr:
        nom: Phone
  programming:
    Translation:
      en:
        nom: Souris
      fr:
        nom: Mouse
  manager:
    Translation:
      en:
        nom: Clavier
      fr:
        nom: KeyBoard
  administrator:
    Translation:
      en:
        nom: Ecran
      fr:
        nom: Monitor
```

- Voyez le contenu de vos deux tables :

Un extrait de la table Produits_translation :

```
id nom lang
1 Téléphone en
1 Phone fr
2 Souris en
2 Mouse fr
```

Un extrait de la table produits :

```
id created_at updated_at
 1 2010-05-09 16:36:58 2010-05-09 16:36:58
 2 2010-05-09 16:36:58 2010-05-09 16:36:58
```

Vous devriez vous rendre compte à quel point Symfony peut simplifier des développements, qui pourraient être difficiles. La gestion de sites, supportant complètement l'internationalisation, fait partie des projets difficiles à réaliser. Utiliser un framework, qui intègre i18n, permet de gagner du temps et de se concentrer sur des tâches plus difficiles encore.

Le chapitre suivant expose une autre problématique bien connue des développeurs web : la gestion du cache.

Chapitre 11
Gérer le cache dans Symfony

1. Qu'est-ce que le cache ?

Le cache est une zone où l'on conserve des fichiers dans le but de les réutiliser. Gérer le cache dans la programmation web consiste à ne pas exécuter une requête pour obtenir le même résultat. Économiser des ressources permet de garder les visiteurs de votre site. Un utilisateur du web n'apprécie pas d'attendre devant une page, qui prend plusieurs secondes à se charger.

L'importance de la gestion du cache est donc cruciale.

2. Configuration

La configuration du cache peut être faite au niveau de l'environnement de développement. L'environnement en production utilise le système de cache et non celui de développement. Pour voir comment le cache fonctionne, nous allons rendre actif le cache dans l'environnement de développement.

3. Activer le cache

Pour cela, éditez le fichier de configuration de l'application **météo** :

```
dev:
  .settings:
    error_reporting:        <?php echo (E_ALL | E_STRICT)."\n" ?>
    web_debug:              true
    cache:                  true
    no_script_name:         false
    etag:                   false
```

4. Nettoyer le cache

Par défaut, le cache est désactivé dans l'environnement de développement pour que la modification du fichier de configuration soit prise en compte. Vous devez nettoyer le cache comme vous avez l'habitude maintenant de le faire.

```
Php symfony cc
```

Dans la barre de débogage apparaît à présent une icône verte, permettant de relancer le site sans tenir compte du cache.

Le temps de chargement de la page est toujours indiqué.

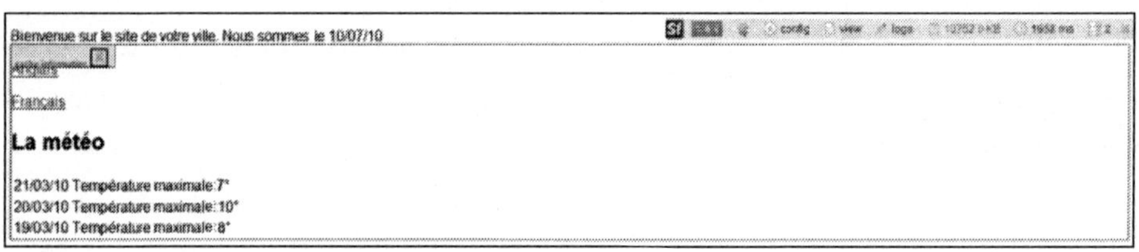

Une barre de débogage pour le cache

▶ Rafraîchissez plusieurs fois la page.

http://meteo.sitelocal/meteo_dev.php/fr_FR/home/index par exemple, puis regardez le temps de chargement.

- Cliquez ensuite sur l'icône verte en haut à droite. Le temps delta entre les deux temps de chargement vous donne une indication sur l'importance du cache.

Vous pouvez maintenant gérer le cache de chaque application.

La configuration du cache de l'application **météo** se trouve dans le répertoire apps/meteo/config/cache.yml :

```
default:
  enabled:     false
  with_layout: false
  lifetime:    86400
```

Le paramètre `lifetime` est la durée de vie du cache, il est exprimé en secondes (86400 secondes correspondent à une journée).

Vous allez maintenant gérer le cache d'un module en créant un fichier cache.yml.

Ce fichier sera placé dans un répertoire que vous allez créer dans le répertoire d'un module.

Créez répertoire et fichier dans le répertoire apps/meteo/home.

Il s'agit de la page d'accueil, c'est donc la page qui doit être cachée par excellence.

Rafraîchissez la page d'accueil de l'application **météo**, vous pouvez voir en haut à gauche un cadre de couleur, qui affiche des informations sur le cache.

Informations sur le cache

Le fait que le cadre passe de la couleur verte à la couleur jaune indique que la page a été extraite du cache.

Le symbole de la base de données disparaît, cela signifie qu'aucune requête n'a été lancée.

La gestion des caches est possible pour les actions et pour les partials. Vous pouvez par exemple écrire :

```
_bulletin:
  enabled:     true
new:
  enabled:     true
```

Vous utilisez la commande : *Php symfony cc*.

Vous pouvez utiliser celle-ci en lui adjoignant des options comme : *--type=module* ou *--type=template* et *--env=dev*.

Remarque

--env correspond à l'environnement souhaité.

```
php symfony cc --type=module --env=dev
```

Ce qui donne par exemple :

```
>> cache     Clearing cache type "module" for "meteo" app and "dev" env
>> file+     C:\wamp\www\exemple_meteo\data/meteo_dev-cli.lck
>> chmod 777 C:\wamp\www\exemple_meteo\data/meteo_dev-cli.lck
>> file-     C:\wamp\www\exemple_meteo\data/meteo_dev-cli.lck
>> cache     Clearing cache type "module" for "prevision" app and "dev" env
>> file+     C:\wamp\www\exemple_meteo\data/prevision_dev-cli.lck
>> chmod 777 C:\wamp\www\exemple_meteo\data/prevision_dev-cli.lck
>> file-     C:\wamp\www\exemple_meteo\data/prevision_dev-cli.lck
```

5. Le cache des formulaires

La protection CSRF que vous utilisez lors de la création des applications empêche un utilisateur d'usurper l'identité d'un autre. Dans chaque formulaire, un jeton ou token est créé à chaque utilisation. Si vous utilisez un formulaire et que vous supprimez les cookies de votre navigateur, un message d'erreur apparaît. Une erreur a été levée car le jeton du formulaire n'a plus de correspondance.

Il n'est donc pas possible de gérer le cache des formulaires avec une protection CSRF. Dans le cas où la protection est inutile, vous pouvez désactiver le jeton dans la configuration de votre formulaire. Par exemple, pour le projet Mondevis, vous pouvez ajouter cette ligne dans la méthode `configure` de la classe `DevisForm`.

```
$this->disableLocalCSRFProtection();
```

Chapitre 12
Effectuer des tests unitaires

1. Définition des tests unitaires

Le développement d'une application est séparé en plusieurs étapes : la conception, les tests, la correction des bugs, la mise en production et la maintenance. De plus, l'application peut être réalisée par plusieurs personnes à la fois. Lorsque vous développez votre site et que vous estimez avoir corrigé tous les bugs, vous le mettez en production sur un serveur. Premièrement, rien ne vous indique que vous avez couvert tous les cas d'utilisation possibles lors de vos tests et vous n'avez donc pas couvert toutes les sources de bugs. Il est fort probable qu'il y ait encore des éléments à corriger.

Ensuite, lorsque vous maintenez l'application pour la faire évoluer ou tout simplement que vous corrigez un bug, rien ne garantit qu'un autre bug ne subsiste pas. Le travail en équipe ajoute également une couche de danger car la modification d'une partie de code commune à plusieurs développeurs peut entraîner des effets de bord. En effet, vous pourriez modifier un comportement que vous pensiez isolé sur votre action, alors que celui-ci est utilisé ailleurs et ne fonctionne plus après modification du tronc commun. En pensant corriger votre code, vous ne vous rendez pas compte des conséquences qu'occasionne une modification sur le travail de votre collaborateur. Le bug est donc passé au travers des mailles des tests manuels. Une solution existe pour conserver l'intégrité du projet mais également être sûr de couvrir tout le code existant : les tests unitaires et la couverture de code (code coverage).

Attention ! Ces tests ne concernent que la partie métier de l'application et ne s'appliquent en aucun cas aux tests concernant l'interface du site. Les tests d'interface et d'interaction avec l'utilisateur sont des tests fonctionnels que nous verrons dans le chapitre suivant.

Les tests unitaires permettent de vérifier le bon fonctionnement du code concernant la logique métier, mais également le code concernant la logique d'accès aux données. Vous pourrez vérifier que chaque méthode, chaque fonction se comporte tel que vous l'aviez prévu au départ et que rien ne change au fil du temps. Concrètement, les tests unitaires sont des fichiers exécutant une série de tests ciblés sur une classe. Ces tests sont résidents dans un répertoire propre et lorsque vous réalisez des modifications à votre projet, vous pouvez les rappeler en une ligne de commande. En résultat, vous obtenez un compte rendu vous indiquant si tout s'est bien passé ou non, et dans la négative, les détails concernant la ou les erreur(s).

2. Le framework lime

L'outil de test dans Symfony s'appelle lime. Il utilise une certaine convention de nommage et d'utilisation que nous allons voir dans cette section.

Tout d'abord, les tests unitaires sont situés dans le répertoire tests/unit/. Chaque fichier est nommé selon une convention qui est la suivante : *Nom de la classe* suivi du mot *Test* et enfin son extension : *.php* (ex : NomDeLaClasseTest.php).

Chaque fichier de test contient les deux lignes suivantes :

```
require_once dirname(__FILE__).'/../bootstrap/unit.php';
$t = new lime_test(1);
```

La première ligne permet d'initialiser les librairies Symfony, mais également d'inclure la bibliothèque de tests unitaires.

La seconde permet, quant à elle, d'instancier une nouvelle série de tests. Le paramètre du constructeur (égal à 1 dans l'exemple) indique qu'il n'y aura qu'un seul test à exécuter.

Une série de méthodes s'offre alors à vous pour exécuter vos tests, en voici une liste non exhaustive :

Nom de méthode	Description
`ok($test)`	Le test réussit si la condition est vraie sinon il échoue.
`is($valeur1, $valeur2)`	Le test réussit si les deux valeurs sont égales (équivalent d'un $valeur1 == $valeur2).
`isnt($valeur1, $valeur2)`	Le test réussit si les valeurs sont différentes (équivalent d'un $valeur1 != $valeur2).
`like($chaine, $regexp)`	Le test réussit si la chaîne correspond à l'expression régulière.
`unlike($string, $regexp)`	Le test réussit si la chaîne ne correspond pas à l'expression régulière.
`is_deeply($tab1, $tab2)`	Vérifie que deux tableaux sont identiques.

D'autres méthodes outils permettent d'agrémenter vos tests unitaires comme *comment($message)*, qui permet d'afficher un commentaire dans le résumé des tests, la fonction *todo()* permet de ne pas oublier d'implémenter un test à réaliser...

■ Remarque

Mais pourquoi avoir plusieurs fonctions de tests alors que ok(condition) suffirait à effectuer n'importe quel test ? Chaque fonction permet d'avoir une indication précise sur la raison pour laquelle le test n'a pas réussi, elles sont donc utiles à des fins de clarté de résultat. Ainsi, un « ok(condition) » vous indiquera seulement que le test a échoué alors qu'un is(valeur1, valeur2) vous affichera qu'il a échoué et pourquoi il a échoué.

3. Création du contexte de tests

Pour réaliser des tests, il est déconseillé d'utiliser des données provenant de la base en production. C'est au développeur de gérer ses tests et de faire toutes les vérifications. Pour cela, il est donc nécessaire de créer une base de données à part, qui sera l'image de la base de production. Les tests pourront alors jouer sur les données (insérer, modifier, supprimer), sans pour autant troubler le bon fonctionnement du site.

Nous allons tout d'abord compléter la configuration de l'application en lui indiquant que nous voulons utiliser une seconde base de données :

```
php symfony configure:database --name=doctrine --class=sfDoctrineDatabase
--env=test "mysql:host=localhost;dbname=BulletinMeteo_test" root mYsEcret
```

Le paramètre *env=test* précise que cette base sera utilisée uniquement dans les tests unitaires.

Nous déployons ensuite une image de notre base de production vers la future base de tests :

```
mysqladmin -uroot -pMotDePasse create BulletinMeteo_test
php symfony doctrine:insert-sql --env=test
```

Une alternative à ces deux lignes de commande serait de vous rendre dans votre espace d'administration de bases de données, puis de créer une nouvelle base de données nommée « BulletinMeteo_test » via l'interface, puis d'exécuter la seconde ligne seulement.

Vous devriez avoir le résultat suivant :

```
php symfony doctrine:insert-sql --env=test
>> doctrine creating tables
>> doctrine created tables successfully
```

Et en vous rendant dans votre espace d'administration de bases de données, vous devriez voir les nouvelles tables ainsi créées.

Notre base étant vide, nous devons la remplir, mais attention, nous devons la remplir à chaque fois que nous exécutons nos tests ! En effet, lorsque vous allez tester votre application, vous allez faire des modifications, voire des suppressions, et donc vos jeux de tests ne seront plus fiables pour les tests suivants. Pour cela, un mécanisme existe dans Symfony permettant de charger automatiquement nos jeux de tests à chaque exécution : les « Fixtures ». Nous avons vu dans le chapitre Travailler avec les modèles comment charger un jeu de données, nous allons donc réutiliser ce que nous avions réalisé. Pour cela, créez un nouveau répertoire nommé « fituxres » dans le répertoire « test ». Copiez le fichier data/fixtures/bulletinmeteo.yml dans celui que vous venez de créer.

Nous allons maintenant créer une classe, permettant de charger automatiquement nos données de test, que nous appellerons dans chaque fichier de test unitaire nécessitant un jeu de données. Attention, ce fichier utilisera l'environnement de test de l'application **meteo**. Si vous souhaitez faire de même pour d'autres applications, créez un autre fichier ou alors ajoutez vos autres chargements à ce fichier.

- Créez un fichier nommé Doctrine.php dans le répertoire test/bootstrap et insérez le code suivant :

```
<?php
include(dirname(__FILE__).'/unit.php');
$configuration = ProjectConfiguration::getApplicationConfiguration
( 'meteo', 'test', true);
new sfDatabaseManager($configuration);
Doctrine_Core::loadData(sfConfig::get('sf_test_dir').'/fixtures');
?>
```

La première ligne charge les librairies Symfony. La seconde va placer le contexte sur l'environnement de test de l'application **meteo**. Enfin, les deux dernières lignes vont permettre de charger nos jeux de données.

4. Tester une méthode

Nous allons tester une méthode que nous allons ajouter au projet **météo**. Comme vous vous en êtes aperçu, la date des bulletins apparaît sous une forme peu intéressante. Nous allons créer une fonction permettant de transformer l'affichage de la date, initialement au format américain, dans le format français jj-mm-aaaa.

Par la suite, nous allons la tester et voir si celle-ci répond aux différents cas que nous lui soumettrons.

- Ouvrez le fichier lib/model/doctrine/BulletinMeteo.class.php dans votre éditeur PHP puis insérez le code suivant :

```
public function GetDateFormatee()
    {
        return $this->date_bulletin;
    }
```

- Dans le répertoire tests/unit/, créez un nouveau fichier nommé BulletinMeteoTest.php.
- Dans celui-ci, ajoutez le code suivant :

```
<?php
include(dirname(__FILE__).'/../bootstrap/Doctrine.php');

$t = new lime_test(3);
$bull = Doctrine_Core::getTable('BulletinMeteo')->createQuery()->
fetchOne();
$t->isa_ok($bull, 'BulletinMeteo', 'Récupération d\'un bulletin');
$t->is($bull->getDateBulletin(), '2010-03-20', 'on teste la valeur
brute (format us)');
$t->is($bull->GetDateFormatee(), '20-03-2010', 'on teste la valeur
formatée (format fr)');
?>
```

Nous avons donc créé une série de trois tests unitaires. Au travers de la fonction *Doctrine_Core ::getTable[...]*, nous récupérons un bulletin météo. Ensuite, nous effectuons nos tests : le premier vérifie si on récupère bien une instance de type *BulletinMeteo*, le second teste si la date au format brut (us) correspond bien à la date du premier bulletin météo de notre jeu de test et le troisième teste si la date formatée correspond bien à la date au format jj-mm-aaaa.

▶ Pour lancer cette série de tests, rendez-vous en ligne de commande et tapez :

```
php symfony test:unit BulletinMeteo
```

Vous devriez avoir le résultat suivant :

```
php symfony test:unit BulletinMeteo
1..3
ok 1 - Récupération d'un bulletin
ok 2 - on teste la valeur brute (format us)
not ok 3 - on teste la valeur formatée (format fr)
#     Failed test (./test/unit/BulletinMeteoTest.php at line 8)
#            got: '2010-03-20'
#       expected: '20-03-2010'
# Looks like you failed 1 tests of 3.
```

Vous constatez que le résumé est très explicite et que notre troisième test ne fonctionne pas. Vous pouvez également voir pourquoi les fonctions de tests sont si nombreuses : nous avons une explication claire et précise : nous attendions le résultat « 20-03-2010 » et nous avons eu « 2010-03-20 ». La raison est simple, nous n'avons pas encore fait de formatage, ce que nous allons mettre en place de suite.

▶ Rouvrez le fichier lib/model/doctrine/BulletinMeteo.class.php et remplacez la ligne concernant le return par celle-ci :

```
return strftime("%d-%m-%Y", strtotime($this->date_bulletin));
```

Désormais, la date formatée retournera bien la date américaine au format français.

▶ Relancez les tests unitaires. Vous constatez que tous les tests ont été exécutés avec succès :

```
php symfony test:unit
BulletinMeteoTest.........................................ok
 All tests successful.
 Files=1, Tests=3
localhost:Meteo Patafoin$ php symfony test:unit BulletinMeteo
1..3
ok 1 - Récupération d'un bulletin
ok 2 - on teste la valeur brute (format us)
ok 3 - on teste la valeur formatée (format fr)
# Looks like everything went fine.
```

5. Compléments sur les tests unitaires

5.1 Tester l'application complète

Lorsque vous avez créé plus d'un fichier de tests unitaires, vous aurez sûrement besoin de les lancer tous d'un coup, afin de vérifier votre application de façon globale. Pour cela, vous pouvez vous servir de la ligne de commande suivante :

```
php symfony test:unit
```

Vous obtiendrez alors un récapitulatif de chaque fichier, lancé sous cette forme lorsque vous avez une erreur :

```
php symfony test:unit
BulletinMeteoTest...............................................not ok
    Failed tests: 3
Failed Test                        Stat   Total   Fail  List of Failed
------------------------------------------------------------------------
BulletinMeteoTest                     0       3      1  3
Failed 1/1 test scripts, 0.00% okay. 1/3 subtests failed, 66.67% okay.
```

Lorsque tout se passe sans problème :

```
php symfony test:unit
BulletinMeteoTest...................................................ok
 All tests successful.
 Files=1, Tests=3
```

5.2 Couverture de code

Les tests unitaires sont très pratiques mais comment savoir si vous avez bien testé tout le code disponible de votre application ? Pour cela, vous allez vous baser sur l'outil de « code coverage » (couverture du code), qui va vous indiquer si vos tests couvrent bien tout le code disponible, ou s'il reste des portions non testées (comme par exemple des fonctions ajoutées après coup et qui n'auraient pas été implémentées dans vos tests unitaires). Afin de pouvoir utiliser le code coverage, vous devez installer l'extension xdebug pour PHP, qui permet comme son nom l'indique de débugger des scripts PHP.

Une fois installée, vous pouvez lancer la commande suivante :

```
php symfony test:coverage test/unit/BulletinMeteoTest.php
lib/BulletinMeteo.class.php
```

Cette ligne de commande doit être composée de deux parties : la première correspond au fichier de tests unitaires à utiliser et la seconde correspond à la classe testée la première. Le résultat vous indique le pourcentage de couverture

Vous constaterez le résultat suivant :

```
php symfony test:coverage test/unit/BulletinMeteoTest.php
lib\model\doctrine\BulletinMeteo.class.php
>> coverage  running .../test/unit/BulletinMeteoTest.php (1/1)
lib/model/doctrine/BulletinMeteo.class.php                         0%
TOTAL COVERAGE:   0%
```

Sur l'exemple, on constate que nos tests unitaires couvrent 0 % du code de la classe, c'est-à-dire qu'à aucun moment, nous ne testons les méthodes et fonctions disponibles.

Si vous souhaitez avoir plus de renseignements, vous pouvez exécuter la commande avec un paramètre supplémentaire : *--detailed*.

```
php symfony test:coverage -detailed test/unit/BulletinMeteoTest.php
lib/BulletinMeteo.class.php
```

Attention ! La couverture de code n'indique en aucun cas si vous avez vérifié toutes les possibilités de tests unitaires à réaliser. Elle permet uniquement de vous dire si vous avez bien testé toutes les méthodes et fonctions disponibles. Si votre objet testé possède une fonction et que vous testez celle-ci, vous aurez un résultat de 100 % de couverture, mais rien ne peut indiquer que vous ayez traité tous les cas possibles et imaginables pour cette fonction.

Chapitre 13
Effectuer des tests fonctionnels

1. Que sont les tests fonctionnels ?

Les tests fonctionnels viennent compléter les tests unitaires vus au chapitre précédent. En effet, ils concernent toute la partie visuelle de l'applicatif, ainsi que les interactions entre l'utilisateur, son navigateur et votre serveur. Vous pourrez ainsi vérifier qu'un lien correspond bien à la page que vous avez configurée, qu'il n'y a pas de lien mort, que ce qui est présenté est bien le reflet de ce à quoi vous pensiez. Ces tests vont vous permettre de déléguer les tâches répétitives que vous auriez dû réaliser à chaque modification au moteur de tests fonctionnels. En effet, à chaque modification vous auriez dû repasser sur votre page, entrer des valeurs, cliquer sur les boutons, interagir avec tous les éléments présents, vérifier que chaque action entraîne bien une redirection vers la bonne page, en prenant garde d'envoyer les bonnes valeurs en paramètre... Il est très facile d'oublier un de ces tests à cause de leur aspect répétitif et rébarbatif. En réponse à cela, les tests fonctionnels peuvent être appelés de la même manière que les tests unitaires, au travers d'une ligne de commande et vous retournent le même type de résultat : un résumé de ce qui fonctionne et de ce qui ne fonctionne pas.

Par défaut, lorsque vous créez un module, Symfony génère automatiquement un fichier de tests fonctionnels pour celui-ci. Nous verrons un peu plus tard son contenu et ce qu'il réalise au final, mais passons tout d'abord à l'étude des différents objets proposés.

2. L'objet sfBrowser

Afin de simuler le navigateur Internet de l'utilisateur, Symfony met à disposition l'objet *sfBrowser*, qui va réagir de la même manière à la différence qu'il conserve une trace des objets avant et après une requête. Cela vous permettra d'inspecter chacun d'entre eux et de vérifier le bon fonctionnement global. Grâce à cette classe, couplée à un testeur, nous pourrons tester si les liens retournent bien une page correcte (pas d'erreur 404 ou 500), si les données envoyées au travers du formulaire arrivent bien à destination et que le retour est correct, si les boutons et liens sur la page sont correctement paramétrés...

Voici une liste non exhaustive des méthodes accessibles au travers de l'objet `sfBrowser` :

Nom de la méthode	Description
`get()`	Appelle une URL comme si l'utilisateur l'avait tapée (méthode *GET*).
`post()`	Appelle une URL comme si l'utilisateur avait soumis un formulaire (méthode *POST*).
`back()`	Retourne à la page précédente.
`forward()`	Passe à la page suivante de l'historique.
`reload()`	Recharge la page.
`click()`	Clic sur un bouton ou un lien.
`select()`	Sélectionne un radiobutton ou un checkbox.
`deselect()`	Désélectionne un radiobutton ou un checkbox.
`restart()`	Redémarre le navigateur *sfBrowser*.

L'initialisation du browser se fait au travers du code suivant (première ligne), et son utilisation se fait au travers d'une chaîne d'appels, que nous verrons dans l'utilisation du chaînage un peu plus tard.

```
$browser = new sfBrowser();

$browser->
  get('/')->
  click('Design')->
  get('/category/programming?page=2')->
  get('/category/programming', array('page' => 2))->
  post('search', array('keywords' => 'php'))
;
```

3. L'objet sfTestFunctional

L'objet *sfBrowser* pourrait être utilisé tel quel au travers de ses fonctions *GetRequest* et *GetResponse*, mais dans un but de modularité complète, Symfony propose des objets dits "testeurs" comme *sfTestFunctional*, qui vont s'occuper de ce travail. L'intérêt de ces objets est que vous pourriez très bien créer vos propres testeurs personnels.

Deux testeurs sont à votre disposition : *Request* et *Response*. Leur appel se fait au travers d'une chaîne de caractères comme ceci :

```
include(dirname(__FILE__).'/../../bootstrap/functional.php');
// Initialisation de l'objet sfTestFunctional en lui passant en paramètre
// une nouvelle instance de sfBrowser

$browser = new sfTestFunctional(new sfBrowser());

$browser->get('/modulecrud/index');

//with('request') correspond à l'appel du testeur request
$browser->get('/modulecrud/index');
$browser->with('request')->begin();
$browser->isParameter('module', 'modulecrud');
$browser->isParameter('action', 'index');
$browser->end();

//with('response') correspond à l'appel du testeur response
$browser->with('response')->begin();
$browser->isStatusCode(200);
$browser->checkElement('body', '!/This is a temporary page/');
$browser->end();
```

Il est possible de raccourcir les appels à chaque testeur, en les enchaînant les uns à la suite des autres. C'est ce que l'on appelle le chaînage, que nous allons tout de suite étudier.

4. Utiliser le chaînage

Dans l'exemple précédent, nous invoquions chaque méthode ligne par ligne. Nous allons voir comment réduire le code en les enchaînant les uns derrière les autres. En reprenant le code de l'exemple précédent, voici ce qu'un chaînage peut donner :

```
include(dirname(__FILE__).'/../../bootstrap/functional.php');

$browser = new sfTestFunctional(new sfBrowser());

$browser->
  get('/modulecrud/index')->

  with('request')->begin()->
    isParameter('module', 'modulecrud')->
    isParameter('action', 'index')->
  end()->

  with('response')->begin()->
    isStatusCode(200)->
    checkElement('body', '!/This is a temporary page/')->
  end()
```

Le code est extrait du fichier ModuleCrudActionstest.php des tests fonctionnels, générés automatiquement, et il est strictement identique à l'exemple cité plus haut, à la différence près que nous ne répétons pas *$browser* à chaque fois mais nous utilisons les caractères -> pour le remplacer. En effet, chaque fonction appelée retourne *$this*, ce qui rend cette utilisation possible.

5. Le testeur SfTesterRequest

L'objet *SfBrowser*, étant une forme de navigateur, il envoie une requête au serveur qui doit être correctement formée pour qu'elle fonctionne. L'objet *sfTesterRequest* permet de vérifier un certain nombre d'éléments, concernant cette requête, comme les paramètres envoyés, leurs valeurs, si on utilise la méthode *POST*, *GET*...

Voici une liste non exhaustive des fonctions disponibles au travers de *sfTesterRequest*.

Nom de la méthode	Description
`isParameter()`	Vérifie la valeur d'un paramètre de la requête.
`isFormat()`	Vérifie le format de la requête.
`isMethod()`	Vérifie la méthode employée.
`hasCookie()`	Vérifie si la requête porte un cookie ou pas.
`isCookie()`	Vérifie la valeur d'un cookie.

Pour tester la bonne forme d'une URL, il suffit de tester ses paramètres. Par exemple, lorsque l'on appelle l'URL meteo_dev.php/modulecrud/show/id_bulletin/3, on doit vérifier que le paramètre *module* est égal à *moduleCRUD*, que le paramètre *action* est égal à *show* et enfin que le paramètre *id_bulletin* est égal à 3.

6. Le testeur SfTesterResponse

Le testeur *SfTesterResponse*, quant à lui, va permettre de vérifier la réponse du serveur et tester le résultat final.

Voici une liste non exhaustive des fonctions disponibles dans l'objet *SfTesterReponse*.

`checkElement()`	Vérifie qu'un élément CSS correspond à certains critères.
`checkForm()`	Vérifie un formulaire.

`debug()`	Affiche le résultat de la requête (affiche le code HTML de la page).
`matches()`	Vérifie si le retour de requête correspond à l'expression régulière.
`isHeader()`	Vérifie la valeur de l'en-tête http.
`isStatusCode()`	Vérifie le code de retour du serveur.
`isRedirected()`	Vérifie si le retour est une redirection.
`isValid()`	Vérifie la validité du flux HTML (balises correctement utilisées et fermées).

On peut, par exemple, contrôler que l'appel à une page retourne bien un statut 200, correspondant à un retour réussi (à l'inverse d'un statut 404 pour une page inexistante et 500 pour une erreur serveur), grâce à la fonction *isStatusCode* comme ceci :

```
<?php

include(dirname(__FILE__).'/../../bootstrap/functional.php');

$browser = new sfTestFunctional(new sfBrowser());

$browser->
  get('/modulecrud/index')->

  with('response')->begin()->
    isStatusCode(200)->end()
;
?>
```

La méthode *GET* fait appel à l'adresse modulecrud/index, puis on demande l'utilisation du testeur réponse grâce à *with('reponse')*, et enfin on teste que le code retour de l'en-tête http retourne bien 200.

7. Utiliser un jeu de tests

Les tests fonctionnels peuvent être lancés de deux manières :

```
php test/functional/meteo/modulecrudActionsTest.php
```

ou

```
php symfony test:functional meteo modulecrudActions
```

Comme Symfony génère par défaut une série de tests, vous pouvez dès maintenant lancer cette ligne de commande. Le retour ne doit pas vous indiquer d'erreur. En voici le résultat :

```
php test/functional/meteo/modulecrudActionsTest.php
# get /modulecrud/index
ok 1 - request parameter module is modulecrud
ok 2 - request parameter action is index
ok 3 - status code is 200
ok 4 - response selector body does not match regex /This is a
temporary page/
1..4
# Looks like everything went fine.
```

On constate que les paramètres envoyés sont bons, que le code retour est bien 200 et que notre page n'est pas une page temporaire de Symfony.

Maintenant que nous avons lancé un premier test de base, il faut pouvoir vérifier l'intégrité des données présentées en fonction de certains paramètres (affichage par défaut, filtrage...). Pour cela, nous avons besoin d'un jeu de tests. Comme pour les tests unitaires, nous allons nous baser sur le fichier bulletinmeteo.yml, que nous allons charger au démarrage de nos tests fonctionnels.

Intégrer un jeu de données est très simple, mais nous allons voir qu'il est possible de l'améliorer un peu. Voici le code de base permettant d'ajouter nos données au test :

```
include(dirname(__FILE__).'/../../bootstrap/functional.php');

$browser = new sfTestFunctional(new sfBrowser());
Doctrine_Core::loadData(sfConfig::get('sf_test_dir').'/fixtures');
```

Cette méthode est fonctionnelle mais peut être améliorée d'un point de vue réutilisabilité. En effet, dans chaque fichier de test fonctionnel, il faudra faire appel à la même ligne de code et si un jour vous décidez de changer le répertoire contenant tous vos jeux de tests, vous devrez repasser chaque fichier en revue pour le modifier. Nous allons donc créer une classe, héritant de *sfTestFunctional*, et lui ajouter une fonction supplémentaire qui va charger ces données. Si vous décidez de modifier le répertoire, vous n'aurez à le faire que dans cette classe et nulle part ailleurs.

Dans le répertoire lib à la racine du projet, ajoutez un répertoire nommé "test". À l'intérieur de celui-ci, créez un fichier nommé meteoFunctionalTest.class.php et insérez le code suivant :

```
<?php
class meteoFunctionalTest extends sfTestFunctional
{
  public function loadData()
  {
    Doctrine_Core::loadData(sfConfig::get('sf_test_dir').'/fixtures');
    return $this;
  }
}

?>
```

Puis dans votre fichier de tests modulecrudActionsTest.php, remplacez l'appel à *Doctrine_Core::loadData* par *$browser->loadData()*;

```
[...]
include(dirname(__FILE__).'/../../bootstrap/functional.php');

$browser = new meteoFunctionalTest(new sfBrowser());
$browser->loadData();
$browser->
  get('/modulecrud/index')->
[...]
```

Pour pouvoir vérifier le bon fonctionnement de notre jeu de tests, à la fin du fichier et juste avant le dernier end->, ajoutez une ligne et insérez "debug()->". Ceci permettra d'afficher le flux HTML généré lors du test. Lancez votre test fonctionnel, et voyez si les données sont correctement chargées ou non. Pour un résultat normal, vous devez avoir la sortie suivante à la suite de votre ligne de commande :

```
php symfony test:functional meteo modulecrudActions
# get /modulecrud/index
ok 1 - request parameter module is modulecrud
ok 2 - request parameter action is index
ok 3 - status code is 200
ok 4 - response selector body does not match regex /This is a temporary
page/
 Response debug
HTTP/1.X 200
Content-Type: text/html; charset=utf-8

<!DOCTYPE html PUBLIC "-//W3C//DTD XHTML 1.0 Transitional//EN"
"http://www.w3.org/TR/xhtml1/DTD/xhtml1-transitional.dtd">
<html xmlns="http://www.w3.org/1999/xhtml" xml:lang="en" lang="en">
  <head>
    <meta http-equiv="Content-Type" content="text/html; charset=utf-8" />
        <title></title>
    <link rel="shortcut icon" href="/favicon.ico" />
    <link rel="stylesheet" type="text/css" media="screen"
href="/css/main.css" />
      </head>
  <body>
    <h1>Bulletinmeteos List</h1>

<table>
  <thead>
    <tr>
      <th>Id bulletin</th>
      <th>Texte bulletin</th>
      <th>Date bulletin</th>
    </tr>
  </thead>
  <tbody>
        <tr class="bulletin">
      <td><a href="/index.php/modulecrud/show/id_bulletin/91">91</a></td>
      <td>Température maximale:10°</td>
      <td>2010-03-20</td>
    </tr>
        <tr class="bulletin">
      <td><a href="/index.php/modulecrud/show/id_bulletin/92">92</a></td>
      <td>Température maximale:7°</td>
      <td>2010-03-21</td>
    </tr>
        <tr class="bulletin">
      <td><a href="/index.php/modulecrud/show/id_bulletin/93">93</a></td>
```

```
        <td>Température maximale:8°</td>
        <td>2010-03-20</td>
      </tr>
        </tbody>
</table>

  <a href="/index.php/modulecrud/new">New</a>
  </body>
</html>

1..4
# Looks like everything went fine.
```

On constate bien nos trois bulletins météo, provenant de notre jeu de test. Vous voilà prêt à entamer vos premiers véritables tests fonctionnels.

8. Réaliser un test

- Ouvrez le fichier test/functional/meteo/modulecrudActionsTest.php. Comme vous l'avez vu plus haut, il possède déjà quelques tests.

Le bloc suivant permet de vérifier que nous arrivons bien sur cette page avec les paramètres correctement définis (le paramètre "module" doit être égal à "modulecrud" et le paramètre "action" doit être égal à "index").

```
with('request')->begin()->
    isParameter('module', 'modulecrud')->
    isParameter('action', 'index')->
  end()->
```

Le bloc suivant permet de tester que l'appel à la page retourne bien un status à 200 (code retour du serveur indiquant que tout s'est bien passé). On teste ensuite que la page n'est pas une page par défaut. En effet, lorsque nous créons notre application, le contenu de page par défaut est « This is a temporary page ». Ici, le test se base sur une expression régulière, cherchant ce texte dans le corps (body) de la page. Le point d'exclamation devant l'expression indique que c'est une négation. Ainsi, le test équivaut à dire « je vérifie que le corps de la page ne contient pas la chaîne « This is a temporary page ».

```
with('response')->begin()->
    isStatusCode(200)->
    checkElement('body', '!/This is a temporary page/')->
  end()
```

Continuons les tests dans cette lancée :

Tout d'abord, nous allons ajouter le test *isValid()*, afin de vérifier la conformité du flux HTML, permettant de savoir si on a oublié une fermeture de balise ou non, car lors de l'opération de modification de la présentation du site, il n'est pas rare d'oublier de fermer une balise <b>. Cela évite d'avoir un code source non certifié W3C (*World Wide Web Consortium*), normalisation internationale de l'Internet, ce qui pourrait dans certains cas pénaliser la bonne lecture du site.

Nous allons également tester que nous avons bien trois bulletins, correspondant aux trois éléments de notre jeu de tests (fichier yml.) Pour cela, vous pouvez vous baser sur une balise CSS (*Cascading Style Sheet*) et tracer combien de fois elle est répétée. Afin de réaliser ce test, vous devez modifier le fichier apps/météo/modules/modulecrud/templates/indexSuccess.php. Vous allez ajouter la classe CSS « bulletin » sur la balise <tr> correspondant à la ligne de notre bulletin météo. Étant donné que vous avez trois bulletins, vous aurez alors trois fois la balise `<tr class=« bulletin »>`. Le test fonctionnel s'écrit de cette manière :

```
checkElement('.bulletin', 3)->
```

Il indique que nous cherchons la classe CSS « bulletin » et que normalement nous devrions la trouver trois fois.

Enfin, nous voulons vérifier que nos liens sont bien fonctionnels. Vous allez utiliser la méthode *click('New')* afin de simuler le clic sur le lien "New" en bas de la page. À la suite de cette méthode, vous testerez, de la même manière que la page actuellement testée, si la page appelée par le clic sur "New" a une URL correctement formée et répond correctement (paramètres module et action et le code retour du serveur).

Voici le fichier de tests fonctionnels au complet :

```
<?php

include(dirname(__FILE__).'/../../bootstrap/functional.php');

$browser = new meteoFunctionalTest(new sfBrowser());
$browser->loadData();

$browser->
  get('/modulecrud/index')->

  with('request')->begin()->
    isParameter('module', 'modulecrud')->
    isParameter('action', 'index')->
  end()->

  with('response')->begin()->
    isStatusCode(200)->
    checkElement('body', '!/This is a temporary page/')->
    isValid()->
    checkElement('.bulletin', 3)->
 end()
;

$browser->get('/modulecrud/index')->
click('New')->
    with('request')->begin()->
        isParameter('module', 'modulecrud')->
        isParameter('action', 'new')->
        end()->
    with('response')->begin()->
        isStatusCode(200)->
        end();
?>
```

9. Conclusion

En conclusion, le framework Symfony contient de nombreux outils. Vous avez pu en suivant les chapitres de ce livre découvrir les principes fondamentaux de cet outil. Vous êtes en mesure d'utiliser des plugins ou des composants que vous trouverez sur Internet. Peut-être, allez-vous créer vos propres plugins.

Il est possible qu'il vous ait fallu plusieurs jours pour vous familiariser avec tous les concepts de cette fabrique de logiciel qu'est Symfony. Cela en valait la peine car le temps de développement de vos futurs grands projets va être vraiment raccourci.

Si vous n'aviez pas encore lu la partie concernant CodeIgniter, vous allez vous rendre compte à quel point cet autre framework est facile à utiliser. Un framework aussi léger offre tout de même un nombre important de fonctionnalités. Comme pour Symfony, il est possible de coupler le logiciel avec Doctrine ou Zend.

Chapitre 14
Présentation du framework CodeIgniter

1. Présentation

CodeIgniter est un framework PHP, dont les principales qualités sont la légèreté, la rapidité et la facilité d'utilisation. Le logiciel a été créé en 2006 par Rick Ellis qui est à la tête de la compagnie EllisLab. Le produit phare de la société est ExpressionEngine, qui offre un ensemble de services sur le web et qui est basé sur CodeIgniter. La version actuelle de CodeIgniter est la 1.72. Si vous avez commencé à développer un site avec une version inférieure, la mise à jour ne posera pas de difficulté. Son apprentissage, vous le constaterez, est assez simple. L'outil repose sur le modèle MVC et donc vous permet de mieux structurer votre code.

Le portail de CodeIgniter

Si vous avez lu d'abord la partie concernant Symfony, vous remarquerez des points communs entre les deux frameworks. Symfony et CodeIgniter satisfont bien à cet acronyme DNRTW (*Do Not Reinvent the Wheel*) : ne pas réinventer la roue. Les deux RAD (*Rapid Application Development*) permettent d'utiliser des bibliothèques et même d'autres frameworks. L'exemple qui illustre le mieux cela est le fait que le moteur de recherche lucene du framework Zend soit utilisable dans CodeIgniter comme dans Symfony.

Si vous n'aviez jamais utilisé de framework Symfony, cela a dû vous sembler quelque peu difficile à appréhender. L'installation du système, la compréhension du maniement de certains objets demandent une attention particulière. Il en est tout autrement pour CodeIgniter. Son installation est rudimentaire et sa configuration l'est tout autant.

À travers les chapitres qui suivent, vous allez apprendre à installer et à configurer CodeIgniter. Le framework étant basé sur le motif MVC, vous apprendrez tour à tour à gérer des modèles, vues et contrôleurs. En fin de chapitre, une mise en pratique est prévue. Il sera question de sécurité et d'upload de fichiers.

Tout au long des chapitres, vous allez développer de très petits projets, pour vous permettre de suivre les sujets évoqués. Il sera question de panier virtuel, de système CRUD, de rapport de tests unitaires, bref de petits projets qui faciliteront la prise en main du framework.

Vous pouvez utiliser aussi bien CodeIgniter avec des contrôleurs et des vues qu'avec des contrôleurs, des modèles et des vues.

CodeIgniter nativement ne possède pas de système de templates. Vous pouvez lui en adjoindre un par l'intermédiaire de librairies ou de plugins. Les vues peuvent être des pages web, des flux RSS ou des morceaux de pages web.

Le principe de CodeIgniter est de gérer le flux de données entre le contrôleur, la vue et le modèle de manière sécurisée. Ce qui passe par le système de CodeIgniter est connu, le reste n'est pas accessible. Ainsi l'aspect sécurité est un avantage certain et incite à utiliser ce genre d'outil pour programmer ses projets, plutôt que de se risquer à se compromettre en programmant tout de A à Z. Tout ce qui présente une difficulté en programmation PHP est rendu plus simple grâce à l'utilisation de ce genre d'outil. En effet, CodeIgniter vous permet de gérer des bases de données issues de nombreuses plates-formes, de gérer la validation des données issues des formulaires, de gérer l'envoi de mails et de pièces jointes de gérer l'encryptage et bien d'autres possibilités.

Remarque

CodeIgniter possède une documentation en ligne très bien réalisée, le User-Guide, que vous pouvez retrouver aussi dans l'archive de chaque version.

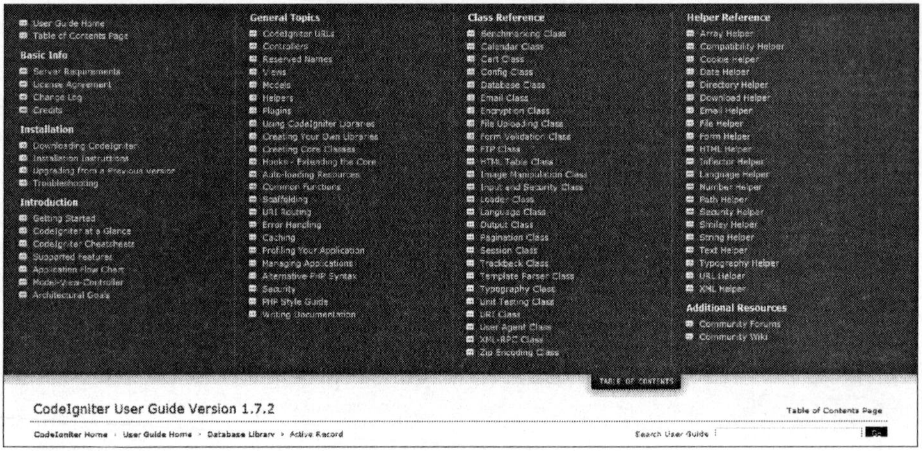

La documentation de CodeIgniter

À la fin des chapitres consacrés à CodeIgniter, vous verrez comment, par exemple, développer une authentification et gérer l'upload de fichiers. Ces deux choses sont assez contraignantes à développer, si on les programme du début jusqu'à la fin. Un outil comme CodeIgniter est là pour vous faire gagner du temps. Grâce à des systèmes de bibliothèques de plugin et de helper, tout en ayant un code propre, vous pouvez rapidement développer des applications compliquées.

La communauté autour de CodeIgniter est importante. Il existe une documentation foisonnante sur les adaptations du framework.

Vous pouvez visiter le wiki du site, qui contient des informations pertinentes sur tous les développements autour de CodeIgniter. Vous pouvez notamment lire cet article, qui parle de l'utilisation de Doctrine et de CodeIgniter, à cette adresse : http://codeigniter.com/wiki/Using_Doctrine_with_Code_Igniter_Conventions/. Vous pouvez vous abonner sur le forum et vous tenir au courant de tous les développements autour de CodeIgniter.

Dans ce chapitre de présentation, vous allez découvrir les principaux fichiers de configuration à connaître pour pouvoir commencer à travailler avec ce framework. Vous découvrirez aussi les principales bibliothèques à charger dans vos contrôleurs.

2. Installer CodeIgniter

Pour commencer, il convient de télécharger la dernière version stable sur le site : http://www.codeIgniter.com

Vous pouvez extraire l'archive téléchargée à la racine de votre serveur web ou créer un hôte virtuel.

La structure des répertoires

Dans l'archive que vous avez extraite se trouvent les deux répertoires system et user_guide. Le second contient toute la documentation sur CodeIgniter. Cette documentation est claire et souvent enrichie d'exemples pertinents.

Lorsque vous êtes en production, il n'est pas utile de laisser ce répertoire en ligne. Ce répertoire n'est pas inclus dans le répertoire system, il est donc accessible depuis l'extérieur. D'ailleurs, vos répertoires d'images, d'uploads de fichiers JavaScript, soit toutes les ressources que vous allez offrir à vos visiteurs, se placeront à cet endroit.

Tout ce qui se trouve dans le dossier system par contre n'est accessible que si vous l'avez clairement indiqué dans vos développements.

Le fichier system contient :
- Des bibliothèques
- Des plugins
- Des helpers
- Des hooks
- Le répertoire Application

Si vous placez vos répertoires à la racine de votre site

Renommez le répertoire que vous avez extrait en utilisant un nom explicite. Par la suite, la configuration du logiciel n'en sera que plus simple ainsi. Vous pouvez constater que l'installation du site est à la portée de tous. Vous pouvez installer CodeIgniter sur des hébergements mutualisés sans difficulté, et bien sûr sur des serveurs dédiés également. Le gain de temps avec CodeIgniter se situe dans cette facilité également. Vous allez vous en rendre compte et en très peu de temps, vous saurez utiliser ce framework.

Si vous voulez utiliser un hôte virtuel

- Définissez votre hôte virtuel et faites pointer l'hôte vers le répertoire de votre choix.

Par exemple sous Windows avec Wamp :

```
<VirtualHost *:80>
    ServerAdmin nom@societe.com
    DocumentRoot "C:\wamp\www\ChapitreCodeIgniter"
    ServerName chapitreCI.sitedev
    ServerAlias chapitreCI.sitedev
    ErrorLog "logs/chapitreCI.sitedev-error.log"
    CustomLog "logs/chapitreCI.sitedev-access.log" common
</VirtualHost>
```

- Éditez aussi le fichier hosts. Par exemple, ajoutez :

```
127.0.0.1    localhost chapitreCI.sitedev
```

3. Le fichier config.php

L'installation de CodeIgniter consiste, en un premier temps, à configurer deux fichiers.

- Ouvrez le fichier qui se trouve dans ce répertoire application/config/config.php avec un éditeur de texte.

▶ Renseignez cette ligne :

```
$config['base_url']    = "http:localhost/nomrepertoire";
```

Le paramètre `base_url` est l'adresse de votre site web, complété par le répertoire où se trouve votre environnement CodeIgniter.

Ce paramètre est le point de repère dans tout votre code. Quand vous déployez votre site chez votre hébergeur, il suffira de modifier ce paramètre et éventuellement les paramètres de votre base de données, et votre site sera prêt à être utilisé.

Le paramètre `language` définit le répertoire de langue défini par défaut. À l'installation, il n'existe qu'un répertoire de langue. Il s'agit du répertoire english. Si vous n'avez pas l'intention de rendre votre site multilingue, vous pouvez laisser ce paramètre tel que vous le trouvez, c'est-à-dire comme ci-dessous :

```
$config['language']    = "english";
```

Vous apprendrez à concevoir des sites multilingues avec CodeIgniter.

Les paramètres suivants sont à modifier en fonction de vos préférences. Le premier définit l'encodage de vos pages, et par défaut, est spécifié en UTF-8. Le second vous permet de définir une clé qui servira au cryptage de vos variables de Session, si vous souhaitez utiliser le système de cryptage de CodeIgniter. Le dernier paramètre indique si vous voulez utiliser un paramètre de cryptage.

Il est conseillé d'utiliser le paramètre par défaut pour l'encodage des caractères.

```
$config['charset'] = "UTF-8";
$config['encryption_key'] = "MaClé";
$config['sess_encrypt_cookie'] = FALSE;
```

Comme vous pouvez le voir, un fichier de configuration de CodeIgniter est un fichier écrit en PHP. Il faut donc respecter la syntaxe de PHP en plaçant à la fin de chaque ligne un point-virgule.

Dans la majorité des cas, vous n'aurez pas à modifier les autres paramètres du fichier de configuration *config.php*.

Remarque

N'utilisez pas le bloc-notes de Windows car vous risquez de rencontrer des problèmes d'encodage.

Remarque

Geany est un bon éditeur de texte pour programmer en PHP comme dans d'autres nombreux langages (http://www.geany.org/). Pour ceux qui apprécient l'auto complétion, l'éditeur Netbeans, cher au développeur Java permet cette option avec CodeIgniter.
http://netbeans.org/features/php/index.html

- Faites une extraction de l'archive de CodeIgniter sur votre serveur.
- Renommez cette archive en `ChapitreCodeIgniter`.
- Modifiez le fichier de config comme indiqué plus haut.
  Par exemple :

```
$config['base_url']    = "http:localhost/ ChapitreCodeIgniter";
```

- Dans un navigateur, lancez la page selon votre configuration. Par exemple, si vous avez configuré un hôte virtuel :
  http://chapitreci.sitedev/ ou sinon http://localhost/ChapitreCodeIgniter/

Il existe, par défaut, un contrôleur dans l'archive que vous avez développée. Une page s'affiche et vous souhaite la bienvenue.

4. Le fichier route.php

Le message de bienvenue, qui est apparu lors du lancement de CodeIgniter, a été rendu par le contrôleur Welcome. C'est le seul contrôleur dans l'archive. Si ce contrôleur a été utilisé au démarrage du framework, c'est parce qu'il a été désigné comme contrôleur par défaut dans le fichier route.php.

Ce fichier permet de définir les routes de vos URL. Vous allez voir plus loin comment fonctionne le routage dans CodeIgniter. Un système de routage vous évite de dévoiler le fonctionnement de votre site. En effet, dans une adresse comme monadesse.fr?panier=1&prod=7&qte=5&prix=12, on peut deviner que le panier va être rempli avec le produit 7 pour une quantité de 5 unités avec un prix de 12 euros. Il suffit alors de changer le 12 en 0 et soit l'on fausse le calcul du panier au mieux, soit l'on bénéficie de 5 produits gratuits. L'exemple est exagéré mais pourtant de grandes sociétés ont fait les frais de ce genre de combine.

Garder secret son mode de fonctionnement n'est donc pas si futile qu'il n'y paraît.

Pour continuer la prise en main de CodeIgniter, vous allez créer un contrôleur et le désigner par défaut dans le fichier route.php.

```
<?php

class Moncontrôleur extends Controller {

  function Moncontrôleur()
  {
    parent::Controller();
    $this->load->library('unit_test');
    $this->load->model('produitsmodel');
  }

  function index()
  {

  }

}
```

Dans le fichier route.php désignez votre contrôleur par défaut :

```
$route['default_controller'] = "Moncontrôleur";
```

CodeIgniter possède un système de routage des URL intéressant. Dans CodeIgniter on parle de système d'URI. Par exemple, dans l'URI suivante :

```
monsite.com/class/function/id/
```

- *Class* est un segment. Il désigne un contrôleur.
- *Class* est le segment numéro 1.
- *Function* est le segment numéro 2, il désigne la méthode *Function* du contrôleur *Class*.
- *Id* est le segment numéro 3, il désigne un paramètre.

Par défaut, le segment numéro 2 est réservé aux méthodes, mais vous pouvez en décider autrement, par exemple si vous avez une URI de ce style :

```
monsite.com/livre/1
```

Vous pouvez définir une autre route, pour que le segment numéro 2 ne soit pas perçu comme une méthode.

Vous pouvez faire ceci dans le fichier application/config/routes.php.

```
$route[livre/:num'] = "librairie/rechercher_livre";
```

:num est un joker. Il remplace n'importe quel caractère numérique.

:any est un autre joker qui remplace n'importe quel caractère alphanumérique.

Vous pouvez aussi écrire :

```
$route['departement/(:num)'] = "carte/chercher_dep/$1";
```

Une URL, contenant département en segment numéro 1, et n'importe quelle chaîne de caractères en segment 2, agira sur le contrôleur carte via la méthode *chercher_dep* avec comme paramètre le segment 3.

Vous pouvez également utiliser des expressions régulières.

Par exemple, vous pouvez écrire :

```
$route[famille/([a-z]+)/(\d+)'] = "$1/enf_$2";
```

Si vous utilisez des valeurs de retour, vous ne devez pas répéter l'antislash mais utiliser le symbole dollar.

Dans l'exemple ci-dessus, une URL, comme famille/enfants/123, provoquera le lancement de la méthode *enf_123* de la classe enfants.

Il ne faut pas commencer vos paramètres de routage par /, n'écrivez pas ceci :

```
$route[/produit/:any] = "librairie/rechercher_livre"
```

Certaines routes sont des routes réservées. Vous ne pouvez pas utiliser les mots *default_controller* et *scaffolding_trigger*.

Le paramètre *default_controller* sert à indiquer quel contrôleur sera lancé si on n'indique aucun contrôleur dans l'URL ; par exemple :

```
$route['default_controller'] = 'moncontroller';
```

Le paramètre *scaffolding_trigger* permet d'indiquer la route à appeler, si on veut accéder à une sorte d'éditeur en ligne de tables de votre base de données. Cette fonctionnalité ne doit s'utiliser que lors du développement et jamais en production. Cette fonctionnalité, depuis la version 1.60 est dépréciée, et je vous invite à ne pas l'utiliser.

Vous avez vu les possibilités offertes dans le routage de vos adresses. Utilisez le routage à chaque fois que vous définissez des méthodes dans vos contrôleurs.

5. Le fichier autoload.php

CodeIgniter permet le lancement automatique de librairies, de plugins, de helpers et de bien d'autres fichiers sous forme de classes généralement. C'est ce que l'on appelle des ressources. Vous n'êtes pas obligés de charger toutes ces classes. Vous pouvez décider de n'en charger que certaines. Un des helpers, parmi les plus utiles sous CodeIgniter, est le helper url. Il permet de simplifier l'écriture de lien ou d'accéder à des URL du système de manière simplifiée.

Vous en aurez sans doute besoin, c'est pourquoi vous pouvez le charger automatiquement. Pour cela, il suffit d'éditer le fichier application/config/autoload.php et de renseigner le paramètre *$autoload['helper']* comme ceci :

```
$autoload['helper'] = array('url');
```

Comme vous pouvez le remarquer, le paramètre acceptant un tableau comme valeur, vous pouvez renseigner plusieurs paramètres comme ci-dessous :

```
$autoload['helper'] = array('url','form','googleanalytics_helper');
```

Remarque

Vous pouvez trouver des ressources sur le site de CodeIgniter ou les développer vous-même.

Il est parfois possible de gérer des configurations particulières pour, par exemple, une ressource que vous avez développée. Pour charger cette configuration, il suffit de spécifier le paramètre comme ceci :

```
$autoload['config'] = array('maconfig1', 'maconfig2');
```

Si vous n'utilisez pas de fichier de configuration particulier, laissez le paramètre comme ceci :

```
$autoload['config'] = array();
```

Le fichier application/config/autoload.php est aussi utile pour définir la langue par défaut utilisée dans votre application.

Pour cela, utilisez cette syntaxe :

```
$autoload['language'] = array('navig_fr', 'navig_en');
```

Les fichiers, qui contiennent les mots à traduire, doivent se terminer par _lang.php. Dans le fichier de configuration, par contre, vous ne devez pas indiquer la partie _lang.php

CodeIgniter peut rendre votre site multilingue. Pour cela, il vous suffit de créer un fichier de langue.

Dans le répertoire \system\application\language, vous trouvez par défaut un répertoire english. Vous pouvez créer vos répertoires de langues à cet endroit.

Il est préférable de créer un fichier de langue par utilisation ; un fichier pour les erreurs, un fichier pour une barre de navigation par exemple.

Comme vous l'avez lu plus haut, les fichiers qui contiennent les mots à traduire, doivent se terminer par _lang.php.

Par exemple, créez un fichier de langue navig_fr_lang.php, pour la barre de navigation principale de votre site, qui contient trois liens **accueil**, **qui sommes nous** et **plans**.

Une traduction s'écrit ainsi :

```
$lang['clé'] = "traduction";
```

Ce qui, pour notre exemple, donne les trois lignes suivantes pour le fichier de langue française :

```
$lang['accueil'] = "Accueil";
$lang['qui_sommes_nous'] = "Qui sommes nous?";
$lang['plans'] = "plans";
```

Et comme cela pour le fichier de langue anglaise navig_en_lang.php :

```
$lang['accueil'] = "Home";
$lang['qui_sommes_nous'] = "Who are we?";
$lang['plans'] = "maps";
```

Pour utiliser les fichiers de langues, il faudra les charger avec l'instruction suivante :

```
$this->lang->load(fichierLangue, 'langage');
```

Le premier argument est le fichier de langue sans extension, le second est le nom du répertoire où se trouvent les fichiers de langage.

Le second paramètre est facultatif. S'il est omis, c'est le langage par défaut défini dans le fichier application/config/config.php qui sera utilisé.

Pour accéder à un mot traduit, la syntaxe est la suivante :

```
$this->lang->line('clé');
```

Par exemple, pour accéder aux trois mots de notre exemple :

```
$accueil = $this->lang->line('accueil');
$qui_sn = $this->lang->line('qui_sommes_nous'');
$palns = $this->lang->line('plans');
```

6. Le fichier database.php

Le fichier application/config/database.php vous permet de paramétrer vos bases de données. Vous pouvez paramétrer une base de données de test, de production ou de développement ou autant de bases que vous le souhaitez. CodeIgniter supporte les bases de données suivantes : MySQL, Mysqli, Postgre, ODBC, Microsoft SQL Server, Sqlite, et Oracle8.

Le premier paramètre du fichier de configuration de bases de données est *$active_group*. Il vous permet de définir quelles bases vous allez utiliser ; si vous n'en utilisez qu'une dans votre application, laissez le paramètre à defaut. Sinon si par exemple vous étiez en train d'utiliser la base de test, spécifiez le paramètre test.

Les exemples ci-dessous montrent les deux possibilités.

Soit :

```
$active_group = "default";
```

Soit :

```
$active_group = "test";
```

CodeIgniter utilise le modèle de conception Active Record. Quand vous êtes amené à manipuler des requêtes SQL, vous pouvez soit les écrire, soit utiliser une syntaxe simplifiée et adaptée à la base de données utilisée.

Vous pouvez ensuite indiquer si vous utilisez l'Active Record ou non, en utilisant le paramètre *$active_record* qui attend une valeur booléenne.

Par exemple, pour activer l'Active Record :

```
$active_record = TRUE;
```

Remarque

En désactivant l'Active Record, vous faites gagner, au moteur de base de données, un peu plus de ressources.

Vous reconnaîtrez sans difficulté les paramètres suivants, qui sont couramment utilisés dans le développement d'applications web en PHP. Il s'agit des paramètres de connexion à la base de données.

```
$db['default']['hostname'] = "localhost";
$db['default']['username'] = "NomUtilisateurDeLaBase";
$db['default']['password'] = " MotDePasseDeLaBase ";
$db['default']['database'] = " NomDeLaBase ";
$db['default']['dbdriver'] = "mysql";
```

Le dernier paramètre peut prendre les valeurs suivantes :
- *mysql* pour MySQL
- mysqli pour Mysqli
- *postgre* pour Postgre
- *odbc* pour Odbc
- *mssql* pour Microsoft SQL Server
- *sqlite* pour SqLite
- *oci8* pour Oracle 8

Il est possible de définir un préfixe pour chaque table avec le paramètre *dbprefix* de cette manière :

```
$db['default']['dbprefix'] = "Blog_";
```

Les derniers paramètres du fichier de configuration de la base sont les suivants :

```
$db['default']['pconnect'] = TRUE;
```

En indiquant *True*, vous précisez que la connexion à la base de données est permanente et bien sûr l'inverse en indiquant *False* :

```
$db['default']['db_debug'] = TRUE;
```

Si vous ne voulez pas que les erreurs, relatives à l'interrogation de votre base de données, apparaissent indiquer le paramètre *db_debug* à *False* :

```
$db['default']['cache_on'] = FALSE;
```

Vous pouvez utiliser un système de cache en renseignant le paramètre *'cache_on'* avec la valeur *True* :

```
$db['default']['cachedir'] = "";
```

Si vous utilisez un système de cache, il faut préciser où se trouve le répertoire qui contiendra le cache dans le paramètre *'cachedir'*.

Les paramètres suivants concernent l'encodage de la base de données :

```
$db['default']['char_set'] = "utf8";
$db['default']['dbcollat'] = "utf8_general_ci";
```

Conclusion

Il n'est pas nécessaire de configurer un grand nombre de fichiers dans CodeIgniter. Tous les fichiers de configuration sont en PHP.

Un fichier de configuration, qui n'a pas été mentionné, permet de relier CodeIgniter à d'autres systèmes comme Zend ou Doctrine ou PEAR. Il s'agit du fichier hooks.php.

Le mot hook se traduit de l'anglais par crochet ou hameçon et c'est le principe qui est utilisé dans CodeIgniter.

Les hooks peuvent êtres activés automatiquement dans le fichier application/config/config.php comme ceci :

```
$config['enable_hooks'] = TRUE;
```

La définition des hooks est à réaliser dans le fichier application/config/hooks.php.

La configuration consiste à indiquer quel est le nom de la classe à accrocher, le nom de la méthode de cette classe, le fichier qui la contient et le chemin de ce fichier.

```
$hook['pre_controller'] = array(
                                'class'    => 'MaClasse',
                                'function' => 'index',
                                'filename' => 'chargerPEAR.php',
                                'filepath' => 'hooks',
                                );
```

Chapitre 15
Travailler avec un contrôleur et des vues

1. Créer un contrôleur

Le contrôleur est situé entre la couche métier et la présentation de votre site. C'est généralement là que l'on retrouve le plus de code. En effet, la couche métier, qui rappelons-le est le modèle, va interagir avec la base de données la plupart du temps, mais elle ne fera que transporter les données propagées par le contrôleur.

Le contrôleur va contenir les fonctionnalités de votre site. Il s'agit d'une classe qui va hériter de *Controller*. Le nom du fichier contenant le contrôleur doit être le même que le nom de la classe contrôleur.

La classe a cette forme :

```
class MaClasse extends Controller {

  ///le constructeur
  function MaClasse () {

      parent::Controller();


   }
```

Généralement, quand vous utilisez une base de données, pour chaque table vous devez avoir un contrôleur. Bien sûr, cela dépend des tables que vous utilisez et des fonctionnalités de votre site.

Comme vous le remarquez, le constructeur de la classe reste compatible avec PHP4 car CodeIgniter est compatible avec PHP4, mais rien ne vous empêche d'écrire vos constructeurs comme en PHP5 avec le mot clé *__construct*.

Comme vous l'avez vu dans le chapitre de présentation du framework, il est possible de charger des ressources. Si vous souhaitez charger des ressources pour toute la classe, faites-le dans le constructeur. Si vous souhaitez le faire localement, dans une méthode, faites le chargement dans la méthode.

Pour charger le helper *date* pour tout le contrôleur *MaClasse*, faites comme ceci :

```
<?php  if (!defined('BASEPATH')) exit('No direct script access
allowed');

class MaClasse extends Controller {

  ///le constructeur
  function MaClasse () {

      parent::Controller();
    $this->load->helper('date');


   }
```

Remarque

La méthode `load` est chargée automatiquement.

Pour l'exemple a été utilisé un contrôleur s'appelant *MaClasse*. Employez des noms significatifs comme par exemple *Contact* ou *Cartes*.

Le contrôleur peut posséder une méthode publique *index*. C'est cette méthode qui sera appelée, si aucune méthode n'est renseignée dans l'URL.

Si vous êtes en phase de développement, vous pouvez utiliser la classe *Output* et particulièrement la méthode *enable_profiler*. Vous pourrez alors voir sur vos pages des informations de débogage, qui vous indiquent les paramètres postés, les requêtes qui ont été exécutées, le temps de chargement des pages, des classes et bien d'autres indications utiles.

Voici un exemple avec la classe *Contact* qui charge par défaut le profiler.

```
<?php  if (!defined('BASEPATH')) exit('No direct script access
allowed');

class Contact extends Controller {

  ///le constructeur
  function Contact () {

      parent::Controller();
      $this->output->enable_profiler(TRUE);

   }
```

2. Le contrôleur dans l'URL

S'il est judicieux de bien choisir le nom de votre contrôleur, c'est que celui-ci va apparaître dans l'URL de votre site.

Si vous avez créé un contrôleur *Voiture* par exemple, vous pourrez accéder à celui-ci au travers d'une URL du type http://monsite.com/index.php/voiture. Les méthodes publiques de votre classe seront accessibles aussi par exemple : http://monsite/index.php/voiture/moteur déclenchera la méthode *moteur* de votre classe *Voiture*.

Si vous ne souhaitez pas qu'une méthode soit accessible, pensez à la déclarer *private* ou protected ou préfixez-la par un tiret _.

```
function _maMethode()
{

}
```

Cette méthode ne sera pas accessible par une URI.

Le contrôleur est l'interface entre l'utilisateur et la vue. L'utilisateur sur le web va utiliser des liens hypertextes et des formulaires. Concernant les liens hypertextes, il peut utiliser des liens internes comme des liens externes.

L'écriture d'URL peut être ennuyante. Il existe, dans CodeIgniter, un ensemble de fonctions qui permettent de faciliter l'écriture des liens. Certaines de ces fonctions peuvent être utiles aussi dans les formulaires. Étant donné que vous serez amené à les utiliser souvent, il va vous être présenté ci-après les principales fonctions de la classe `url`.

Cette classe étant très souvent utilisée, il est recommandé de charger celle-ci automatiquement comme vous l'avez appris dans le chapitre précédent. Pour charger cette bibliothèque dans votre contrôleur, écrivez :

```
$this->load->helper('url');
```

On suppose, pour les lignes suivantes, que vous avez configuré votre fichier application/config/config.php comme ceci :

```
$config['base_url']  = "http://localhost/ChapitreAuthUpload";

$config['index_page'] = "index.php";
```

Site_url()

En utilisant *site_url('votreContrôleur/test/123')*, vous allez pouvoir accéder à une URL du type :
http://localhost/ChapitreCodeIgniter/index.php/test/123

Vous pouvez donc indiquer le nom du contrôleur appelé, le nom de la méthode du contrôleur et le paramètre à passer. Vous pouvez, par exemple, utiliser cette méthode dans un lien comme ceci :
<a href="<?php echo site('test/123'); ?>">Test de l'url</a>.

C'est une des méthodes que vous emploierez le plus souvent, car elle contient une URL complète, qui fait appel à toutes les variables utiles que vous avez utilisées lors dans votre configuration.

base_url()

Le fonctionnement de la méthode *base_url* ne prend pas de paramètre et affiche l'adresse spécifiée dans votre fichier de configuration http://localhost/ChapitreCodeIgniter.

current_url()

Comme son nom l'indique, cette méthode très pratique retourne l'URL courante.

uri_string()

La méthode *uri_string* va retourner uniquement l'URI, c'est-à-dire tout ce qui va se trouver après index.php et donc contenir généralement contrôleur et méthode.

Par exemple pour l'adresse http://localhost/ChapitreAuthUpload/index.php/welcome/do_upload, la méthode retourne /welcome/do_upload.

anchor()

La méthode *anchor* vous permet de construire un lien très simplement. En effet, celle-ci prend en paramètre une URI et le titre d'un lien.

```
echo anchor('news/local/123','Mon lien', 'title="titre du lien"');
<a title="titre u lien"
href="http://localhost/ChapitreAuthUpload/index.php/news/local/123">
Mon lien</a>
```

Si vous utilisez un lien externe, vous devez ajouter *http://* comme ceci :

```
echo anchor('http://www.google.fr','Mon lien vers google',
'title="titre du lien"');
```

redirect()

Redirect permet de rediriger l'internaute. Il est possible de lui passer une uri comme ceci :

```
redirect('/produit/achat/45', 'location', );
```

Quand toutes les méthodes citées ci-dessous pointent vers un contrôleur, vous utilisez pour récupérer des paramètres de l'URL les méthodes de la classe URII, qui vous sera détaillée dans le chapitre Travailler avec les sessions.

3. Créer une vue

Les vues sont des morceaux de code PHP. Les vues doivent toutes être créées dans le répertoire application\views. Il est recommandé de créer des sous-répertoires pour organiser vos vues.

Vous pouvez appeler les vues comme bon vous semble. Le nom des vues n'apparaît pas dans les URL. Les vues sont plutôt destinées à être manipulées par des Designers web que par des développeurs PHP. Bien sûr, vous aurez certainement du code PHP dans certaines vues. Utilisez alors une syntaxe comme celle-ci :

```
<p><?php echo $variable; ?></p>
```

Vous pouvez appeler des vues dans des vues. Pour appeler une vue, utilisez la syntaxe suivante :

```
$this->load->view('mavue');
```

On appelle souvent des vues dans des vues comme ceci, dans une vue layout par exemple :

```
<!DOCTYPE html PUBLIC "-//W3C//DTD XHTML 1.0 Transitional//EN"
"http://www.w3.org/TR/xhtml1/DTD/xhtml1-transitional.dtd">
<html xmlns="http://www.w3.org/1999/xhtml" lang="en" xml:lang="en">
<head>
</head>
<body>
  <?php $this->load->view('header'); ?>
  <?php $this->load->view('main'); ?>
  <?php $this->load->view('footer'); ?>
</body>
</html>
```

L'argument *mavue* correspond au fichier mavue.php du répertoire application/views/. Si vous utilisez des sous-répertoires, écrivez par exemple :

```
$this->load->view('site/header/mavue');
```

Il est possible de récupérer le contenu d'une vue dans une variable comme ci-dessous.

```
$mavue = $this->load->view('mavue', $data, true);
```

Le troisième argument de la fonction envoie la vue au navigateur s'il est à *False*, et retourne la vue sous forme d'une chaîne de caractères s'il est à *True*.

4. Afficher une vue

Vous avez appris comment créer des vues, il ne reste plus qu'à apprendre à les afficher. C'est donc au contrôleur que revient la tâche de faire apparaître la vue à l'utilisateur.

Pour afficher une vue, il faut la charger dans une méthode publique.

Par exemple, pour charger la vue *form_contact* dans le contrôleur *contact*, il faut taper le code suivant :

```
<?php  if (!defined('BASEPATH')) exit('No direct script access
allowed');

class Contact extends Controller {

  ///le constructeur
  function Contact () {

      parent::Controller();
      $this->output->enable_profiler(TRUE);

   }
  function index(){
  $this->load->view('form_contact');
  }
```

Vous en savez assez maintenant pour afficher votre première vue. Vous allez appeler cette vue **layout.php** et vous allez appeler celle-ci dans le contrôleur que vous avez nommé *Moncontrôleur*.

Votre contrôleur a maintenant cette forme :

```
<?php

class Moncontrôleur extends Controller {

  function Moncontrôleur()
  {
    parent::Controller();

  }

  function index()
  {
    $this->load->view('layout');
  }




}
```

La vue ne contient que très peu de code HTML.

```
<!DOCTYPE html PUBLIC "-//W3C//DTD XHTML 1.0 Transitional//EN"
"http://www.w3.org/TR/xhtml1/DTD/xhtml1-transitional.dtd">
<html xmlns="http://www.w3.org/1999/xhtml" xml:lang="en" lang="en">
<head>


</head>
<body>

</body>
</html>
```

Créez une autre vue que vous allez inclure dans la vue layout. Vous allez nommer cette vue **content.php** et modifier la vue **layout.php** :

```
<!DOCTYPE html PUBLIC "-//W3C//DTD XHTML 1.0 Transitional//EN"
"http://www.w3.org/TR/xhtml1/DTD/xhtml1-transitional.dtd">
<html xmlns="http://www.w3.org/1999/xhtml" xml:lang="en" lang="en">
<head>


</head>
<body>
<?php $this->load->view('content.php') ?>
</body>
</html>
```

La vue `content` est à copier dans le répertoire vue et ne contient que ce code.

```
<h2>Ma première vue</h2>
<p>
Je suis une vue contenue dans la vue layout.
</p>
```

5. Passer des paramètres dans une vue

Le contrôleur, la plupart du temps, va passer des paramètres à la vue, par exemple une liste de pays, le titre d'une page ou le contenu d'un panier virtuel.

Il est possible de charger une vue et de lui passer des paramètres avec la méthode `load`. Supposons, par exemple, que l'on souhaite passer à une vue le titre de la page web en paramètre.

La syntaxe sera la suivante :

```
$data['title'] = "Le titre de mon site"
$this->load->view('mavue',$data);
```

Dans la vue, on accédera à la variable de la manière suivante :

```
<title><?php echo $title; ?></title>
```

Il est possible de passer des tableaux également, par exemple comme ceci :

```
$data['os'] = array('Seven','Vista','XP');
$this->load->view('mavue',$data);
```

Le parcours du tableau dans la vue peut se faire ainsi :

```
<h3>Les Systèmes d'exploitations</h3>

<ul>
<?php foreach($os as $os_val):?>

<li><?php echo $os_val;?></li>

<?php endforeach;?>
</ul>
```

Modifiez le contrôleur *Moncontrôleur* afin de passer un paramètre à la vue **layout**. Vous allez passer, comme paramètre, le titre de la page. Vous allez également passer à la vue **content** un bloc de texte.

```
<?php

class Moncontrôleur extends Controller {

  function Moncontrôleur()
  {
    parent::Controller();

  }

  function index()
  {

    $data['titre'] = "Le titre de ma page";
    $bloctexte = "Lorem ipsum dolor sit amet, consectetuer adipiscing elit.
Fusce ultricies, tellus sit amet semper accumsan, enim dui tincidunt nisl,
at bibendum massa erat in nisl. Sed consequat, mi a tempus scelerisque,
velit risus pulvinar velit, et sollicitudin lectus dui a orci.
Duis quis sem. Ut luctus consequat lacus. Aliquam iaculis. Cras blandit.
In placerat, erat vitae consectetuer tincidunt, mi nibh hendrerit orci,
sit amet aliquet leo risus sed odio. Sed volutpat vehicula sapien. Sed et
ipsum. Aliquam sem dui, feugiat et, ullamcorper vitae, consectetuer sed,
neque. Nunc eros. Mauris tincidunt. Fusce molestie ipsum aliquet urna.
Donec ut purus. Nunc ut elit commodo lacus fermentum dictum. Sed ac metus
sit amet nisl hendrerit nonummy. In quam ante, pulvinar quis, venenatis ut,
accumsan sit amet, nulla. Mauris faucibus purus. Etiam sollicitudin
elementum nulla. Vivamus et velit.
    Quisque eleifend. Mauris accumsan eros eu neque. Donec nisi. Donec
venenatis lorem non enim. Pellentesque ultricies nisl ac tortor.
In egestas. Vestibulum metus nisi, bibendum quis, nonummy eu, gravida
```

```
vitae, magna. Mauris sem erat, porttitor eu, lobortis non, ornare et, nunc.
Aenean sollicitudin cursus nisi. Morbi non quam at metus suscipit porta.
Quisque eleifend ligula nec est.";
        $data['bloc']  = array('bloc'=>$bloctexte);
      $this->load->view('layout',$data);

  }


}
```

Vous passez la variable *$data* à la vue **layout**. *$data* contient une chaîne de caractères contenant le titre de la page et un tableau contenant une paire clé/valeur *bloc* et *$bloctexte*.

Dans la vue **layout**, vous pourrez directement afficher le titre et vous allez passer à la vue **content** un tableau contenant un bloc de texte qui pourra directement être affiché à son tour dans la vue **content**.

Les formulaires

Les formulaires sont largement utilisés par les internautes. Il n'est plus question, pour un utilisateur, de remplir un formulaire aux nombreux champs et devoir tout recommencer à zéro pour avoir omis de saisir une information. Un développeur doit savoir gérer un formulaire électronique de la saisie à l'enregistrement, en passant par la gestion des erreurs, la sécurité et bien d'autres aspects.

En PHP, il est possible de gérer la validation des formulaires. C'est-à-dire qu'un développeur doit pouvoir définir lorsque les informations fournies par un utilisateur sont suffisamment pertinentes pour pouvoir être enregistrées. Il doit avertir l'utilisateur des erreurs qu'il a commises, et aussi que l'enregistrement de ses informations s'est bien passé.

Dans le framework CodeIgniter, le processus d'enregistrement via les formulaires se déroule ainsi. Une vue propose un formulaire. Un utilisateur saisit des informations. Celles-ci seront soumises à un contrôleur. Si les données sont validées, les données sont généralement enregistrées en base de données et une page affichera alors un message confirmant la bonne conduite de l'opération. Dans le cas contraire, la vue contenant le formulaire de saisie sera appelée à nouveau. Les erreurs rencontrées seront transmises à la vue. Les formulaires pourront afficher les données saisies par l'utilisateur, accompagnés d'un message expliquant pourquoi la saisie était erronée.

Le helper *form* offre de nombreuses méthodes permettant de simplifier l'écriture de formulaire.

La déclaration d'un formulaire par exemple est facilitée par la méthode du helper form **open_form**.

Pour utiliser le helper, vous pouvez le charger ainsi :

```
$this->load->helper('form');
```

Ce helper étant utile dans tout le système, vous aurez souvent l'occasion de le charger automatiquement.

Déclarer un formulaire s'écrit en utilisant une URI, comme par exemple :

```
form_open('produit/add');
```

Ce qui produit :

```
<form method="post" action="http://www.monsite.fr/index.php/produit/add" />
```

Comme dans beaucoup de helpers dans CodeIgniter, il est possible d'ajouter des attributs aux balises HTML générées, par exemple comme ceci :

```
$attributs = array(
'name'=>'nomduformulaire';
'javascript'=>'OnSubmit="mafonction();"'
);
echo  form_open('produit/add', $attributs);
```

Remarque

Il existe aussi une méthode `form_close`.

Dans le cas où vous deviez réaliser le chargement de fichiers, vous pouvez utiliser la méthode *form_open_multipart()* qui fonctionne de la même manière que la fonction *open_form()*.

Il existe aussi autant de méthodes qu'il existe de champs de formulaire.

Par exemple, vous pouvez générer le champ *input* avec la méthode *form_input()*.

```
echo form_input('codepostal', '75000');
```

Ce qui produira :

```
<input type="text" name="codepostal" value="75000" />
```

Quand vous utilisez un formulaire dans CodeIgniter, vous indiquez, dans le paramètre action, l'URI vers le contrôleur qui va traiter les données envoyées.

Les données seront ensuite récupérées par le contrôleur puis traitées.

Pour assurer la sécurité des échanges CodeIgniter :
- Détruit les variables passées par *GET*. CodeIgniter ne les utilise pas.
- Détruit toutes les variables globales même si elles sont autorisées.

Un système de contrôle XSS peut être défini pour la totalité du site dans les paramètres de configuration ou localement.

```
$config['global_xss_filtering'] = TRUE;
```

Si un utilisateur saisit un code JavaScript par exemple, le système reconnaîtra automatiquement les balises et transformera le code en un contenu inoffensif.

Vous savez donc créer une vue contenant un formulaire et indiquer vers quel contrôleur vont être envoyées les données contenues dans celui-ci.

Du côté du contrôleur, il faut pouvoir être en mesure de recevoir les données et les traiter.

Les méthodes input

Pour cela, il existe une bibliothèque qui, à la différence des autres, est toujours chargée ; il s'agit de la classe *Input*.

Pour améliorer la sécurité, il est possible de modifier le contenu des données postées, si celles-ci comportent un éventuel code malicieux.

Si un utilisateur tente d'envoyer ce code en utilisant votre formulaire :

```
<script> alert('Ce site est peu sécurisé') </script>
```

La variable, qui transporte ce morceau de code JavaScript, pourra être traitée par la méthode *xss_clean()*.

Par exemple comme ceci :

```
$valeur = $this->input->xss_clean($valeurpost);
```

Si vous avez configuré le système pour vous prémunir des attaques XSS, il ne sera pas nécessaire d'utiliser cette fonction.

Vous devez savoir qu'en PHP il est possible d'utiliser *$_POST* comme ceci :

```
if ( ! isset($_POST['mavaleur']))
{
    $valeur = FALSE;
}
else
{
    $valeur = $_POST['mavaleur'];
}
```

Avec CodeIgniter une seule ligne suffit :

```
$this->input->post('mavaleur');
```

Si vous avez un formulaire qui ne contient que le champ email, le traitement de ce formulaire pourra être confié au contrôleur *Email* et particulièrement à la méthode *ajouter*. Cette méthode va tout simplement enregistrer l'adresse dans une base de données.

La vue contenant le formulaire pourra contenir le code suivant :

```
<html>
<head>
<title>Contact</title>
</head>
<body>


<?php echo form_open('contact/ajouter'); ?>

<h5>Email Address</h5>
<input type="text" name="email" value="" size="50" />

<div><input type="submit" value="Submit" /></div>

</form>

</body>
</html>
```

La méthode *ajouter* pourrait être :

```
Function ajouter()
{
  $adressemail = $this->input->post('email','TRUE');
  $this->ajouterEnBase($adressemail);
}
```

Vous pouvez remarquer que la méthode *input* a été utilisée avec un champ supplémentaire, qui encore une fois permet d'indiquer si le filtre XSS doit être activé.

Vous êtes maintenant en mesure de pouvoir générer un formulaire, traiter les données qu'il envoie au travers d'un contrôleur et ses méthodes de manière sécurisée.

Remarque

Pour vous protéger des attaques CSRF, vous pouvez utiliser le plugin de Kyle Hasegawa que vous trouverez sur son blog :
http://blog.kylehasegawa.com/codeigniter-csrf-xsrf-library

Mais le travail ne s'arrête pas là, dans la gestion du formulaire dont il est question. Vous vous rendez compte qu'actuellement il est possible d'ajouter une adresse avec une syntaxe erronée, comme monadresse@fournisseur par exemple.

Ce genre de vérification fait partie de la validation de formulaires.

La validation de formulaires

La validation de formulaires suit le processus suivant :

On vérifie, pour certains champs de formulaires, si ceux-ci ont été renseignés correctement. Si c'est le cas, le traitement peut se poursuivre sinon le formulaire sera affiché à nouveau.

Pour valider les données, CodeIgniter possède une bibliothèque que vous pouvez charger dans votre contrôleur comme ceci :

```
$this->load->library('form_validation');
```

Si nous reprenons l'exemple du formulaire abordé auparavant, vous avez vu qu'il serait souhaitable de traiter le cas où l'adresse email a mal été saisie par l'utilisateur.

Si vous deviez programmer ce genre de vérification, vous coderiez une fonction utilisant des expressions régulières. Vous vous rendrez compte qu'il faudra aussi gérer le cas où l'adresse email est manquante. En terme de programmation, cela veut dire créer une nouvelle fonction. Heureusement, la classe *form_validation* propose un moyen simple et efficace de parer à ces éventualités.

Après avoir chargé la bibliothèque, définissez pour quel champ la bibliothèque va être utilisée et avec quelles règles. Dans notre exemple, il n'y a qu'un champ ; il s'agit d'email. Une règle est le comportement que doit avoir un champ. Un champ peut avoir la règle required qui signifie n'est pas vide.

Pour notre champ email, la règle sera définie ainsi :

```
    $this->form_validation->set_rules('email', 'messagerie électronique',
'required');
```

Le second paramètre est une chaîne de caractères qui désigne le champ.

Il est possible de combiner des règles en utilisant le caractère pipe | pour séparer les règles :

```
    $this->form_validation->set_rules('email', 'messagerie électronique',
'required|valid_email');
```

N'hésitez pas à consulter la documentation user_guide pour connaître toutes les règles existantes.

Si toutefois vous ne trouviez pas de méthodes satisfaisantes, il vous est possible de créer vos propres méthodes.

Pour ne pas encombrer la base de données, vous souhaitez enregistrer uniquement des adresses valides qui n'existent pas déjà dans la base.

Dans ce cas, vous devrez créer une méthode qui s'appelle un callback dans CodeIgniter.

Par exemple :

```
    Function email_existe$str)
  {
    if ($this->tester_exist_email($adresse))
    {
      $this->form_validation->set_message(' email_existe ',
l\'adresse %s existe déjà ');
      return FALSE;
    }
    else
    {
      return TRUE;
    }
  }
```

En cas d'échec du test, vous pouvez définir quel sera le message d'erreur à afficher.

Vous définissez alors la règle ainsi :

```
$this->form_validation->set_rules('email', 'messagerie électronique',
'required','callback_ email_existe ');
```

Remarque

Notez qu'il faut préfixer votre méthode par callback_ pour l'utiliser.

Pour définir le message d'erreur associé à la règle, vous devez utiliser la méthode *set_message* comme ceci :

```
$this->form_validation->set_message('maregle', 'Mon message d'erreur');
```

Pour afficher toutes les erreurs rencontrées dans la vue, il suffira d'ajouter la ligne suivante :

```
<?php echo validation_errors(); ?>
```

Vous êtes maintenant en mesure de proposer des formulaires sécurisés et de traiter ceux-ci. La bibliothèque *form_validation* regorge de possibilités, qui ne vous sont pas présentées ici. En puisant dans la documentation, vous pourrez adapter l'utilisation de cette bibliothèque à chacun des formulaires que vous aurez à traiter.

Valider du côté serveur est essentiel, mais pour le confort de l'utilisateur, réalisez également une validation côté client.

Le plugin jQuery validate vous facilitera la tâche. Vous pourrez le trouver à cette adresse :
http://bassistance.de/jquery-plugins/jquery-plugin-validation/

Chapitre 16
Travailler avec des modèles

1. Créer un modèle

Vous savez maintenant gérer des contrôleurs et des vues. Il ne vous manque que la troisième couche du modèle MVC. Un modèle correspond généralement à une table quand on utilise des bases de données. Dans ce cas très répandu, le modèle contiendra souvent les mêmes méthodes, c'est-à-dire les méthodes CRUD.

Vous allez rapidement apprendre à créer vos modèles. Vous verrez ensuite comment programmer les opérations telles que l'ajout, la modification, la sélection et la suppression de données.

Le modèle va permettre de manipuler les données. Tous les modèles doivent être placés dans le répertoire application/models/.

Un modèle aura la forme suivante :

```
class MonModel_model extends Model {

    function MonModel_model()
    {
        parent::Model();
    }
    function maMethode()
    {
        return "test";
    }
}
```

Le modèle sera toujours chargé dans le contrôleur. Pour cela vous pouvez charger celui-ci ainsi :

```
$this->load->model('MonModel_model');
```

Remarque

Essayez de préfixer ou postfixer le nom de vos modèles pour plus de clarté dans le code, et pour éviter d'écraser un modèle avec une vue portant le même nom.

Après avoir chargé un modèle, son utilisation dans le contrôleur est possible.

Pour cela vous pouvez écrire comme ceci :

```
$this->MonModel_model->methodeDuModele();
```

Il est aussi possible de charger un modèle et lui affecter un nom plus convivial comme ci-dessous :

```
$this->load->model('Contact_model', 'contact');
```

L'utilisation de la méthode *ajouter* du modèle *Contact_model* se fera ainsi :

```
$this->contact->ajouter();
```

Vous avez appris que l'on définit la base de données dans le fichier application/config:database.php. Il est aussi possible de charger automatiquement la base de données, en paramétrant dans le fichier application/config/autoload.php la variable *$autoload['libraries']* comme ceci :

```
$autoload['libraries'] = array('database');
```

Si vous décidez de ne pas charger votre base de données automatiquement, avant de soumettre une requêtes SQL, vous devrez charger manuellement celle-ci comme ci-dessous :

```
$this->load->database();
```

Vous pouvez créer des groupes pour vos bases de données. Par exemple un groupe test pour vos tests et un groupe prod pour le site en production.

Si vous décidez de charger manuellement votre base de données, vous pouvez spécifier pour quel groupe vous chargez la base de données.

Il est également possible de charger plusieurs bases de données, par exemple comme ceci :

```
$DB1 = $this->load->database('group_one', TRUE);
$DB2 = $this->load->database('group_two', TRUE);
```

En renseignant le troisième argument avec la valeur booléenne *TRUE* de la méthode *load->model*, vous pouvez connecter automatiquement un modèle :

```
$this->load->model('Exemple_model', '', TRUE);
```

Tout en chargeant manuellement une base dans un modèle, vous pouvez spécifier la configuration de cette dernière au même moment :

```
$config['hostname'] = "localhost";
$config['username'] = "monlogin";
$config['password'] = "monmotdepasse";
$config['database'] = "mabasededonnée";
$config['dbdriver'] = "mysql";
$config['dbprefix'] = "";
$config['pconnect'] = FALSE;
$config['db_debug'] = TRUE;

$this->load->model('Exemple_model', '', $config);
```

2. Utiliser un modèle pour une table

La plupart du temps, le modèle va servir à gérer les données d'une table. Dans ce cas, vous pouvez tirer profit du framework avec l'utilisation de l'Active Record. Cela va vous faire gagner en temps de développement et en clarté dans le code. Si vous associez une table à un modèle, il faudra que votre classe modèle contienne autant de propriétés que votre table ne possède de champs.

Supposons que vous souhaitiez écrire un modèle associé à la table *panier*, qui possède trois champs : **référence**, **quantité**, **prix**.

Votre classe aura l'aspect suivant :

```
class Panier_model extends Model {

    var $reference = '';
    var $quantite = '';
    var $prix = '';

    function Panier_model()
    {
      parent::Model();
    }


}
```

Si vous deviez écrire une fonction qui retourne toutes les lignes de la table `panier` grâce à l'Active Record, cela se résumerait à ces lignes :

```
  function mon_panier()
    {
        $query = $this->db->get('panier');
        return $query->result();
    }
```

Pour mettre en pratique la gestion des modèles, commencez par créer une base de données avec votre gestionnaire de base de données. Recopiez le script ci-dessous qui représente une table `produit` relativement simple :

```
CREATE TABLE IF NOT EXISTS 'produit' (
  'id' int(11) NOT NULL AUTO_INCREMENT,
  'desc' text COLLATE utf8_unicode_ci NOT NULL,
  'date_create' timestamp NOT NULL DEFAULT CURRENT_TIMESTAMP ON
UPDATE CURRENT_TIMESTAMP,
  'date_update' timestamp NOT NULL DEFAULT '0000-00-00 00:00:00',
  PRIMARY KEY ('id')
) ENGINE=MyISAM  DEFAULT CHARSET=utf8 COLLATE=utf8_unicode_ci
AUTO_INCREMENT=37 ;
```

Vous allez remplacer le bloc de texte de votre contrôleur par une liste de produits issus de la base de données. Vous allez donc créer le modèle `Produitsmodel`, qui comportera pour le moment la méthode `getAll`. Cette méthode retournera tous les enregistrements de la table **produit**.

La classe *Produitsmodel* est la suivante :

```
<?php
class Produitsmodel extends Model {
   function Produitsmodel()
   {
      parent::Model();

   }

  function getAll(  ) {

  // Load the database library
  $this->load->database();

  $query = $this->db->get('produit');
  return $query->result();
  }
}

?>
```

Le contrôleur devient donc :

```
<?php

class Moncontrôleur extends Controller {

  function Moncontrôleur()
  {
    parent::Controller();
    $this->load->model('produitsmodel');

  }

  function index()
  {

    $data['titre'] = "Le titre de ma page";
    $bloctexte = $this->produitsmodel->getAll();
        $data['bloc']  = array('bloc'=>$bloctexte);
    $this->load->view('layout',$data);


  }

}
```

Vous pouvez modifier la vue *content* pour afficher un tableau HTML contenant des produits :

```
<h2>Ma première vue</h2>
<p>
Je suis une vue contenue dans la vue layout.
</p>
<p>

<?php foreach($bloc as $b):  ?>

<table>
  <tr>
    <td><?php echo $b->desc; ?></td>
    <td><?php echo $b->date_create; ?></td>
    <td><?php echo $b->date_update; ?></td>
  </tr>
</table>

<?php endforeach; ?>
</p>
```

3. Utiliser un modèle dans un contrôleur

Vous avez vu comment charger un modèle et comment l'utiliser simplement dans un contrôleur. En reprenant l'exemple du panier traité précédemment, vous allez apprendre comment récupérer le contenu de la table *panier* et comment passer ces valeurs à la vue *panier_view*.

Ci-dessous le code d'un contrôleur *Récapitulatif* :

```
class Recapitulatif extends Controller {

    function Recapitulation ()
    {
        $this->load->model('Panier');

        $data['tableau_monpanier'] = $this->Panier->mon_panier();

        $this->load->view('panier_view', $data);
    }
}
```

4. Créer des méthodes pour retrouver des données

Comme nous l'avons évoqué, il est possible de s'éviter d'écrire des requêtes pour accéder aux données d'une table.

Si cela est possible, c'est parce que la classe *database* que vous pouvez charger automatiquement ou dans chaque modèle vous permet d'utiliser l'Active Record.

Vous avez vu l'utilisation de la méthode *get()*, qui retourne tous les champs d'une table, passée en paramètre. Cette méthode accepte deux autres arguments qui sont le nombre maximal de lignes à retourner et l'offset.

Cette écriture :

```
$query = $this->db->get('panier', 10, 20);
```

Correspond à cette requête :

```
SELECT * FROM mytable LIMIT 20, 10
```

Le résultat de cette requête peut être renvoyé sous forme différente, comme des tableaux d'objets ou des tableaux associatifs.

Vous pouvez écrire pour retourner un tableau d'objets :

```
If($query->num_rows() > 0)
{
  Return $query->result()
}
else
return FALSE;
```

La méthode *num_rows()* renvoie le nombre de lignes que retourne la requête. Il est judicieux de tester ce que la requête retourne.

Vous pouvez écrire pour retourner un tableau :

```
Return $query->result_array()
```

La méthode *result_array()* retournera un tableau rempli si la requête retourne un résultat sinon un tableau vide.

Pour restreindre le résultat de vos requêtes, vous pouvez utiliser la syntaxe suivante :

```
$query = $this->db->get_where(panier, array('reference' => $reference),
$limit, $offset);
```

Ce qui générera une requête comme ci-dessous, si le paramètre *`$reference vaut' maref'`*:

```
SELECT * FROM panier where reference='maref' LIMIT 20, 10
```

Il existe un nombre important de méthodes qui vous évite d'écrire de longues requêtes SQL. Je vous invite à consulter l'aide en ligne pour profiter de celles-ci.

Si toutefois vous préférez écrire vous-même vos propres requêtes, vous pouvez aussi les écrire directement comme ceci :

```
$query = $this->db->query("Select * from panier");
```

5. Créer des méthodes pour ajouter des données

Ajouter des données dans une table nécessite que des données soient envoyées à un modèle et que celui-ci génère une requête pour les ajouter.

Ces données peuvent être envoyées sous forme d'objets ou sous forme de tableaux.

Par exemple sous forme de tableau

Dans le contrôleur :

```
$data = array(
                'reference' => $ref ,
                'quantite' => $qte ,
                'prix' => $prix
            );
$this->load->model('Panier_model');

$this->Panier_model->ajoute($data);
```

La méthode `ajoute` de mon modèle `Panier_model` :

```
function ajoute($tableau_panier)
{
  $this->db->insert('panier', $tableau_panier);
}
```

Cette fonction produit :

```
INSERT INTO panier (reference, quantite, prix) VALUES
('marefernce', 'maquantite', 'mavaleur')
```

Remarque

Les caractères d'échappement sont ajoutés automatiquement.

Par exemple sous forme d'objet

```
   class MonPanier {
         var $reference = $ref;
         var $prix = $px;
         var $quantite = $qte;
    }
$monPanier = new Monpanier;
$this->load->model('Panier_model');

$this->Panier_model->ajoute($monPanier);
```

La requête du côté modèle sera identique :

```
function ajoute($objet_panier)
{
  $this->db->insert('panier', $objet_panier);
}
```

6. Créer des méthodes pour modifier et supprimer des données

Pour expliquer la modification et la suppression d'une table, vous allez reprendre la table *panier*. Si votre but est de modifier une référence particulière de la table, la méthode du contrôleur pourra ressembler au code suivant :

```
$data = array(
                'reference' => '6133' ,
                'quantite' => '5' ,
           );
$this->load->model('Panier_model');

$this->Panier_model->modifier($data,$ref);
```

Dans le modèle *Panier_model*, le code sera alors :

```
$this->db->where('reference', $reference);
$this->db->update('panier', $data);
```

Ce qui produira une requête équivalente à celle-ci :

```
UPDATE panier
SET prix = '{$prix}', quantite = '{$quantite}' WHERE reference =
$reference
```

Comme pour l'ajout, il est possible d'utiliser un objet à la place d'un tableau dans le contrôleur.

7. Gérer les transactions

Parfois, vous êtes amené à exécuter des requêtes les unes derrière les autres. Si l'une de ces requêtes est en échec, vous devez être en mesure d'annuler l'action que vous étiez en train d'entreprendre. C'est à travers les transactions que ce genre d'incident est géré. Les systèmes de gestion de bases de données relationnelles, comme MS SQL Server ou Oracle, permettent cela depuis longtemps. Pour MySQL, cela n'est possible que si vous utilisez un moteur InnoDB. Le principe est simple dans CodeIgniter. Vous démarrez une série de requêtes par une fonction trans_start et vous la terminez par une fonction trans_complete. Ces fonctions indiquent le début et la fin d'une transaction. Supposons que vous réalisez une insertion dans une table catégorie, puis une autre dans une table utilisateur et qu'enfin vous réalisez une modification dans une table historique. Voilà comment vous pourriez écrire une transaction :

```
$this->db->trans_start();
$this->db->query('insert into categorie...');
$this->db->query('insert into utilisateur...');
$this->db->query('update historique...');
$this->db->trans_complete();
```

Si toutes les requêtes réussissent, l'enregistrement sera validé. Un commit sera réalisé. Si une requête échoue, aucune ne sera validée. Un rollback sera lancé.

Il est possible de savoir si une erreur a eu lieu lors d'une transaction. Le traitement d'erreurs est donc possible dans le modèle comme ceci. Par exemple, la possibilité vous est offerte de renseigner un fichier de log comme dans l'exemple ci-dessous :

```
$this->db->trans_start();
$this->db->query($requete1);
$this->db->query($requete2);
$this->db->trans_complete();

if ($this->db->trans_status() === FALSE)
{
AddErrorToLog($erreur1);
}
```

Quand vous utilisez la méthode *trans_start()*, vous mettez en route les transactions.

Les transactions peuvent être désactivées par la méthode *trans_off()*.

Il est possible aussi de gérer les transactions manuellement, en indiquant quand réaliser un commit et quand réaliser un rollback.

```
$this->db->trans_begin();

$this->db->query($requete1);
$this->db->query($requete2);
if ($this->db->trans_status() === FALSE)
{
    $this->db->trans_rollback();
}
else
{
    $this->db->trans_commit();
}
```

Remarque

Vous ne devez alors pas utiliser trans_start().

8. Contrôleurs, modèles et vues

Pour clore ce chapitre, vous allez découvrir comment, au travers d'un exemple, utiliser les trois couches du modèle MVC.

Mais avant cela, voyons comment il est possible de présenter des données à l'utilisateur quand celles-ci sont nombreuses.

Pagination

Il est déconseillé de récupérer l'intégralité des enregistrements d'une table pour l'afficher. Des problèmes évidents de performance vont dans le sens de cette contre-indication. Il est préférable d'afficher une pagination pour permettre à l'utilisateur de parcourir les enregistrements d'une table.

La pagination est une chose compliquée à programmer. CodeIgniter propose une bibliothèque pour vous venir en aide.

Pour charger la bibliothèque :

```
$this->load->library('pagination');
```

Supposons que vous deviez afficher une liste de 250 compositeurs de musique classique.

Vous pensez qu'afficher cette liste avec une pagination serait utile. Vous souhaitez afficher 50 compositeurs par page.

Voici les quelques lignes de code à ajouter à votre contrôleur pour réaliser cela :

```
$this->load->library('pagination');

$config['base_url'] =
'http://www.monsite.fr/index.php/compositeurs/page/';
$config['total_rows'] = '250';
$config['per_page'] = '50';

$this->pagination->initialize($config);
```

Dans la vue, ajoutez :

```
<?php echo $this->pagination->create_links(); ?>
```

Votre page affichera alors ces liens, si votre liste contient plus de 50 compositeurs.

```
« First < 1 2 3 4 5 > Last »
```

Vous pouvez configurer l'affichage de ces liens, en spécifiant différents paramètres dans la configuration de la bibliothèque pagination.

Par exemple pour définir :
- Le titre du premier lien : `$config['first_link'] = 'Début';`
- Le titre du dernier lien : `$config['first_last'] = 'Fin';`
- Le titre de lien permettant d'aller à la page suivante : `$config['next_link'] = 'Suivant';`

Ce qui donne :

```
précédent Début < 1 2 3 4 5 > Fin suivant
```

Quand vous créez un modèle, pensez à créer une méthode qui retourne le nombre d'enregistrements selon le contexte. Si vous possédez une méthode qui récupère tous les enregistrements d'une table compositeurs, le nombre de lignes que retournera le modèle sera égal au nombre de lignes de la table. Par contre, si vous possédez une méthode qui retourne le nombre de compositeurs d'un siècle passé en paramètre, le résultat sera différent de la méthode décrite auparavant.

Par exemple, écrivez une méthode *getCount()* que vous pourriez utiliser comme ceci :

```
$config['total_rows'] = $this->monModel->getCount()
```

Chapitre 17
Travailler avec les URI

1. Présentation

Une URI, *Uniform Resource Identifier,* est une chaîne de caractères qui identifie une ressource sur le réseau.

Dans CodeIgniter, les ressources identifient les contrôleurs, les méthodes et les paramètres que l'on souhaite passer.

2. Les segments

Une URI est normalement découpée comme ci-dessous :

Controleur/méthode/paramètre

Comme par exemple :

produit/categorie/ajouter/4

Pour lire cette URI, vous devez comprendre que l'on demande de récupérer tous les produits de la catégorie 1 du contrôleur produit.
- Produit est le segment 1
- Categorie le segment 2
- ajouter est le segment 3

Il existe une méthode qui permet de récupérer la valeur d'un segment, en fonction de son numéro. Cette méthode appartient à la classe *uri*.

Par exemple, pour obtenir la valeur du troisième segment :

```
$categorie_id = $this->uri->segment(3, 0);
```

Le second paramètre de la méthode donne la valeur par défaut, à retourner si le segment n'existe pas.

Cette méthode ne teste pas le type de retour et il faut donc vérifier, dans vos méthodes, que l'utilisateur ne modifie pas les valeurs. Si par exemple, vous demandez à votre méthode de générer une requête, vous risquez de générer une erreur.

Par exemple, vous pouvez écrire :

```
$categorie_id = $this->uri->segment(3, 0);
If is_int ( $ categorie)
$liste_produits = $this->produit_model->get_all();
else
traiter_erreur();
```

3. Les méthodes de la classe URI

Il existe d'autres méthodes pour gérer les URI.

Vous avez appris dans le chapitre Présentation du framework CodeIgniter à modifier le routage d'une URI. Les URI, dont on a modifié le routage, peuvent aussi bénéficier d'une méthode analogue à segment. Il s'agit de *rsegment(n)*.

Par exemple, si vous avez modifié le routage de l'adresse :

```
visiteur/tom
```

en :

```
visiteur/information/1
```

Vous pouvez obtenir le segment 3 de cette dernière URI en écrivant :

```
$id_visiteur = $this->uri->rsegment(n)
```

La méthode *slash_segment* est identique à segment, mais en plus, elle va concaténer le résultat en début ou en fin avec un slashe.

Par exemple, pour l'URI catalogue/categorie/maison/produit/ :

```
$this->uri->slash_segment(3);
```

Retourne la chaîne maison/ :

```
$this->uri->slash_segment(3, 'leading');
```

Retourne la chaîne /maison :

```
$this->uri->slash_segment(3, 'both');
```

Retourne la chaîne /maison/ :

Remarque

La même fonction existe pour les URI re-routées, il s'agit de slash_rsegment.

Généralement dans une URI, on fait suivre un paramètre par sa valeur. En voici un exemple présenté ci-dessous :

```
/index.php/Welcome/tester_uri/etudiant/licence/pays/fr/
```

Pour gérer une URI, comme un tableau associatif faisant correspondre un paramètre et sa valeur, il existe la fonction *uri_to_assoc*.

Par défaut, le segment numéro 1 d'une URI est un Constructeur.

Le segment numéro 2 est une méthode.

Le segment numéro 3 est un paramètre.

La méthode *uri_to_assoc* peut prendre en paramètre un argument, qui est le segment de départ. Par défaut, il faut donc utiliser la méthode comme ceci :

```
$montableau = $this->uri->uri_to_assoc(3);
```

La fonction *var_dump* du tableau donnera :

```
array(2) { ["etudiant"]=> string(7) "licence" ["pays"]=> string(2) "fr" }
```

Remarque

Pour les adresses re-routées, il existe une fonction équivalente : ruri_to_assoc.

Il est possible, à partir d'un tableau associatif, de générer une URI avec la fonction *assoc_to_uri*.

L'exemple ci-dessous illustre l'utilisation de la fonction :

```
$montableau = array('taille' => 'XL', 'couleur' => 'vert',
'matiere' => 'coton');

$monuri = $this->uri->assoc_to_uri($array);
```

$monuri vaudra alors :

```
taille/xxl/couleur/vert/matiere/coton
```

Il peut être utile de savoir combien il existe de segments dans une URI. Pour cela, une méthode est très utile. Il s'agit de la méthode *total_segments*.

Par exemple pour cette URI :
/index.php/mon_controleur/tester_uri/etudiant/licence/pays/fr/

La méthode s'écrit ainsi :

```
$nombre_segment = $this->uri->total_segments()
```

Ici on obtiendra le nombre 6.

Remarque

Il existe une méthode identique pour les URI re-routées. Il s'agit de total_rsegments.

La méthode *uri_to_assoc* retourne un tableau associatif. Si vous souhaitez travailler avec des tableaux classiques, il existe la méthode *segment_array*.

Si nous prenons par exemple l'URI suivante :

```
/index.php/cinema/film/ET/jour/lundi/heure/16:30
```

La méthode s'utilise ainsi :

```
$tableau = $this->uri->segment_array();
```

La fonction *print_r* sur le tableau donnera :

```
Array ( [1] => cinema [2] => film [3] => ET [4] => jour [5] =>
lundi [6] => heure [7] => 16:30 )
```

Chapitre 18
Mise en pratique avec une table des compositeurs

1. Introduction

Il est temps de mettre en pratique vos connaissances du Framework CodeIgniter. Il reste encore trois chapitres, mais vous en savez assez sur les trois couches MVC.

Les chapitres suivants vous éclaireront sur les sessions et les tests unitaires. Le dernier chapitre vous montrera comment tirer profit des bibliothèques dans le développement d'upload et d'authentification.

2. Objectif

L'objectif sera d'afficher une page contenant un formulaire et une page contenant une liste de compositeurs de musique classique.

Le formulaire permet d'ajouter et de modifier des compositeurs. Sur la liste de compositeurs, des liens permettront de supprimer un compositeur ou d'accéder à la modification d'un compositeur.

Le formulaire doit prendre en compte les erreurs de saisie d'un utilisateur, et lui afficher des messages, avertissant ce dernier de l'erreur qu'il a commise lors de sa saisie.

La liste des compositeurs doit être paginée.

3. La base de données

Le modèle de données pour cet exemple est très simple. Une table compositeurs contient les champs **id**, **nom**, **prénom**, et **anneeNaissance** qui correspondent respectivement aux identifiants, noms, prénoms et années de naissance des compositeurs qui la composent.

Voici le script de création de la table :

```
CREATE TABLE 'Compositeurs'.'compositeurs' (
'id' INT NOT NULL AUTO_INCREMENT PRIMARY KEY ,
'prenom' VARCHAR( 200 ) NOT NULL ,
'nom' VARCHAR( 200 ) NOT NULL ,
'anneeNaissance' DATE NOT NULL
) ENGINE = MYISAM ;
```

4. Mise en place de l'exemple

Installez CodeIgniter sur votre serveur.

4.1 Créer un modèle

Vous allez commencer le développement par la création d'un modèle. Vous possèderez ainsi les classes métier, qui découlent de la description du travail à réaliser.

Vous avez besoin d'extraire de la base toutes les lignes de la table compositeurs. Vous devez aussi pouvoir sélectionner une plage d'enregistrements de la table compositeurs.

Il vous faut aussi une méthode pour ajouter des compositeurs, pour en modifier et pour en supprimer.

- Créez une classe modèle dans le répertoire system/application/models que vous allez appeler *compositeurs_model*.

Cette classe possédera les méthodes CRUD. Les requêtes sont toutes écrites en utilisant le modèle *Active record*, tel qu'il a été implémenté dans le framework.

Afin d'éviter d'enregistrer des doublons, une méthode supplémentaire doit être développée.

Cette méthode simple va se contenter de retourner vrai, s'il existe plus d'une ligne contenant le nom et le prénom passés en paramètre.

```
<?php
class compositeurs_model extends Model {
   private $count;


   function __construct()
   {
      parent::Model();
      $this->count = 0;
   }

   function findAll($start,$offset)
   {
       $query = $this->db->get('compositeurs',$start,$offset);
       $this->count = $query->num_rows();
       return $query->result();
   }

   function find($id)
   {
       $query = $this->db->get('compositeurs');
       $this->db->where('id',$id);
       return $query->row();
   }

   function  getCount()
   {
       return $this->count;
   }


   function add($data)
   {
      $this->db->insert('mytable', $data);
      return $this->db->insert_id();
   }
```

```
    function update($id,$data)
    {
       $this->db->where('id', $id);
       $this->db->update('compositeurs', $data);
    }

    function delete($id)
    {
        $this->db->delete('compositeurs', array('id' => $id));
    }
}

?>
```

4.2 Créer des vues

Vous allez créer une vue layout qui affichera vos pages. Selon le contexte, la vue chargera une liste de compositeurs ou bien un formulaire. Vous n'êtes donc pas obligé de dupliquer du code.

```
<!DOCTYPE html PUBLIC "-//W3C//DTD XHTML 1.0 Transitional//EN"
"http://www.w3.org/TR/xhtml1/DTD/xhtml1-transitional.dtd">
<html xmlns="http://www.w3.org/1999/xhtml" xml:lang="en" lang="en">
<head>
<meta http-equiv="Content-Type" content="text/html; charset=utf-8" />
<title><?php echo $titre; ?></title>

</head>
<body>

<php? If($contexte=='list'): ?>
<?php $this->load->view('content',$liste_compositeurs); ?>
<php? Else if($contexte=='edit'): ?>
<?php $this->load->view('form_compositeur',$compositeur); ?>
<php? Else: ?>
Il n'y a pas de compositeur à afficher.
<php? Endif();?>
</body>
</html>
```

Le formulaire va permettre l'ajout ou la modification. Selon le contexte et selon le mode qui sera défini dans le contrôleur, le formulaire possèdera l'attribut `action` :

`Compositeur/add` ou *`compositeur/edit`*

Le formulaire

Il serait dommage de créer un formulaire pour l'ajout et un pour la modification. Pour gérer ces deux comportements, vous pouvez utiliser des helpers.

Tout d'abord, le helper *form_open* peut prendre comme argument un paramètre passé par le contrôleur.

Il en va de même pour l'attribut *value* des deux champs de votre formulaire. Cependant, selon que le formulaire soit utilisé pour l'ajout ou la modification, l'attribut *value* doit être renseigné ou non. Pour régler ce problème, il suffit d'utiliser l'opérateur ternaire. Si le paramètre compositeur ne contient rien, on affiche le helper *set_value('nom_du_champ')* dans l'attribut *value*, sinon on affiche la valeur du paramètre pour le champ en question.

Le helper *set_value* permet de conserver la saisie de l'utilisateur.

```
<?php echo $titre_edit; ?>
<?php echo form_open('compositeur/'.$mode); ?>
<table>
    <tbody>
        <tr>

            <td>prenom</td>
            <td>
                <input name="prenom"   type="text"
value="<?php echo (isset($compositeur) && count($compositeur) >
0)?$compositeur->prenom: set_value('prenom'); ?>" />
            </td>
            <td>
                <?php echo form_error('prenom'); ?>
            </td>

        </tr>
        <tr>
            <td>nom</td>
            <td>
                <input name="nom"  type="text"
value="<?php echo (isset($compositeur) && count($compositeur) >
0)?$compositeur->nom: set_value('nom');?>" />
            </td>
           <td>
                <?php echo form_error('nom'); ?>
            </td>
```

```
        </tr>
         <tr>
             <td> </td>
            <td>
                <input type="Submit" value=
"<?php echo $mode_titre;?> " />
            </td>

        </tr>
    </tbody>
</table>
<?php echo isset($id)?form_hidden('id', $id):'' ?>
<?php echo form_close(); ?>
<?php echo anchor('compositeur/index','Liste des compositeurs'); ?>
```

4.3 Le contrôleur

Souvenez-vous que le contrôleur est l'intermédiaire entre l'utilisateur et la vue et le modèle. Si l'utilisateur demande la saisie d'un nouveau compositeur, le contrôleur doit faire en sorte d'afficher le formulaire avec le mode ajouter.

Si l'utilisateur s'est trompé dans la saisie, le contrôleur doit le détecter et avertir l'utilisateur de l'erreur.

Le contrôleur devra posséder des méthodes pour afficher la liste des compositeurs, ou les formulaires d'ajout ou de modification et de validation.

Quand un utilisateur clique sur le lien ajouter, le contrôleur doit afficher le formulaire d'ajout. Le formulaire doit avoir un bouton submit contenant la valeur ajouter. L'attribut action du formulaire doit être l'URI compositeur/add et le titre en haut de la page doit être "Ajouter un compositeur". La logique doit être exactement la même pour la modification d'un compositeur, à ceci près que dans le formulaire de modification doivent apparaître les informations sur le compositeur à modifier.

Pour retrouver la valeur de ces champs, le contrôleur fera appel au modèle. Une requête sera lancée à partir de l'identifiant d'un compositeur. Celui-ci est présent dans l'URL, quand l'utilisateur clique sur le lien modifier :

/compositeur/show_update/14.

Pour gérer les erreurs de saisie, le contrôleur charge la bibliothèque *form_validation*. Une méthode *setvalidation* va centraliser toutes les règles pour l'ajout, et la méthode *setValidationEdit* les règles pour la modification. Une règle vérifie si le champ nom a été renseigné, une autre vérifie que la paire nom/prénom n'existe pas déjà dans la base de données.

Il n'existe pas de règle qui va tester si vos deux champs existent dans la base de données. C'est pourquoi c'est à vous de créer ces règles.

Cette règle ne s'applique pas en cas de modification, c'est pourquoi il existe une définition de règles pour l'ajout et pour la modification.

```
<?php

class Compositeur extends Controller {

  function Compositeur()
  {
    parent::Controller();
                  $this->load->model('compositeurs_model');
                  $this->load->library('form_validation');
                  $this->load->library('pagination');
                  $this->output->enable_profiler(TRUE);

  }

  function index()
  {

           $page = $this->uri->segment(4,0);
           $config['base_url'] =  site_url().'/compositeur/index/page';
           $config['per_page'] = '5';
           $config['uri_segment'] = 4;
           $compositeurs =  $this->compositeurs_model->
findAll($config['per_page'],$page);
           $config['total_rows'] = $this->compositeurs_model->
getCountTable();
           $data['context'] = 'list';

           $data['titre'] = 'Liste de compositeurs';
           $data['liste_compositeurs'] = array('liste_compositeurs'=>
$compositeurs);


            $this->pagination->initialize($config);
```

```
            $this->load->view('layout',$data);
  }

        function add()
        {


            $this->setValidation();
            if ($this->form_validation->run() == FALSE)
            {
                $this->show_add();
            }
            else
            {
                $data['nom'] = $this->input->post('nom',TRUE);
                $data['prenom'] = $this->input->post('prenom',TRUE);
                $this->compositeurs_model->add($data);
                $data['context'] = 'message';
                $data['titre'] = 'Saisie validée';
                $this->load->view('layout',$data);
            }
        }

        function  delete()
        {
            $id = $this->uri->segment(3,-1);
            $this->compositeurs_model->delete($id);
            $data['context'] = 'message';
            $this->load->view('layout',$data);

        }

        function show_update($id=-1)
        {
            if($id==-1)
            $id = $this->uri->segment(3,-1);
            $data['compositeur'] = array('compositeur'=>
$this->compositeurs_model->find($id));
            $data['context'] = 'edit';
            $data['mode'] = 'update';
            $data['mode_titre'] = 'Modifier';
            $data['id'] = $id;
            $data['titre'] = 'Liste de compositeurs';
            $data['titre_edit'] = 'Modifier un compositeur';
            $this->load->view('layout',$data);
        }


        function show_add()
        {
```

```
            $data['context'] = 'edit';
            $data['mode'] = 'add';
            $data['mode_titre'] = 'Ajouter';
            $data['titre'] = 'Liste de compositeurs';
            $data['compositeur'] = array();
            $data['id'] = '';
            $data['titre_edit'] = 'Ajouter un compositeur';
            $this->load->view('layout',$data);
        }


        function update()
        {

            $data['id'] = $this->input->post('id',TRUE);
            $data['nom'] = $this->input->post('nom',TRUE);
            $data['prenom'] = $this->input->post('prenom',TRUE);


            $this->setValidation();
            if ($this->form_validation->run() == FALSE)
            {
                $this->show_update($data['id']);
            }
            else
            {
               $this->compositeurs_model->update($data['id'],$data);
               $data['titre'] = 'Saisie validée';
               $data['context'] = 'message';
               $this->load->view('layout',$data);
            }

        }

        function setValidation()
        {
            $this->form_validation->set_rules('nom', 'Nom',
'required|callback_testCompositeurExists');
      $this->form_validation->set_rules('prenom', 'Prenom',
'required');
        }
        function setValidationEdit()
        {
            $this->form_validation->set_rules('nom', 'Nom',
'required');
      $this->form_validation->set_rules('prenom', 'Prenom',
'required');
        }


        function testCompositeurExists()
```

```
        {

                $prenom = $this->input->post('prenom',TRUE);
                $nom = $this->input->post('nom',TRUE);

                $test = $this->compositeurs_model->isCompositeurExists
($nom,$prenom);

                if ($test)
                {
                   $this->form_validation->set_message
('testCompositeurExists',
 'Ce nom et ce prénom existent déjà');
                   return FALSE;

                }
                return  $test;
        }
}
```

Liste de compositeurs

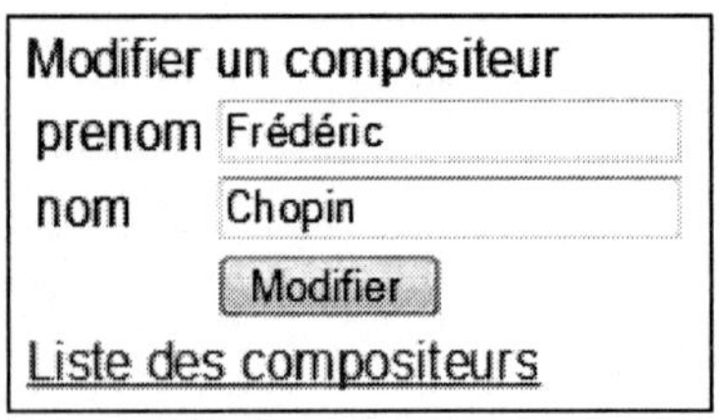

Modifier un compositeur

Cet exemple simple vous a montré comment est organisé le code dans CodeIgniter. Il est possible d'améliorer le code montré ici à titre d'exemple. Il est aussi possible d'étendre le système, en utilisant des bibliothèques externes comme Doctrine. À ce moment-là, le modèle contiendra des méthodes CRUD que vous n'aurez donc pas besoin d'écrire.

Vous avez affiché une page quand la saisie de l'utilisateur est valide. Dans le chapitre suivant, vous verrez comment afficher un message éphémère sur la page où se trouve le formulaire. Cela permet alors de saisir à nouveau un autre compositeur.

Chapitre 19
Travailler avec les sessions

1. La classe Session

La classe *Session* permet de gérer le stockage d'informations tout au long de la navigation de l'utilisateur. Le langage PHP possède un système de session que vous devez sans doute connaître. La gestion des sessions avec la classe *Session*, vous le verrez, est plus souple. Cette gestion est complètement différente, car la classe *Session* utilise son propre système de gestion de sessions.

La classe *Session*, comme toutes les ressources de CodeIgniter, peut être chargée dans votre contrôleur ou chargée automatiquement.

Pour charger la bibliothèque de gestion des *Sessions*, vous pouvez ajouter cette ligne à votre code :

```
$this->load->library('session');
```

Généralement, on charge automatiquement la classe dans le fichier de configuration autoload.

2. Retrouver les données d'une session

Une session est en fait un tableau qui contient les éléments suivants :

- *session_id* : contient une variable générée aléatoirement toutes les 5 minutes.
- *ip_address* : contient l'adresse IP de l'utilisateur.
- *user_agent* : contient les 50 premiers caractères du *user agent* envoyé dans l'en-tête http du navigateur de l'utilisateur.
- *ast_activity* : contient la date de dernière utilisation au format *timestamp*.

3. Réaliser des opérations sur les sessions

La classe *Session* fonctionne de la manière suivante. Quand une page est chargée, la classe va vérifier si des variables de sessions valides existent. Si c'est le cas, la classe va mettre à jour ces variables en modifiant au moins l'identifiant de session *session_id*. Dans le cas contraire, une nouvelle session sera créée et stockée dans un cookie. Une fois la classe initialisée, elle devient autonome, le processus de lecture, d'ajout, de mise à jour se fait automatiquement sans votre intervention.

La classe *Session* utilisant un cookie, ce dernier ne peut contenir que 4 kilos-octets. Pensez à utiliser la classe à bon escient.

La lecture d'une session se réalise ainsi :

```
mavaleur = $this->session->userdata('mavaleur');
```

Si la variable de session n'existe pas, la méthode retournera *FALSE*.

Ajouter une variable à la session utilisateur se fera avec la méthode *set_userdata*. La méthode prend alors en paramètre deux arguments. Le premier correspond au nom de la variable de session, le second correspond à la valeur de cette variable.

Ce qui donne par exemple :

```
$this-> set_userdata ('departement',54);
```

Il est aussi possible d'ajouter plusieurs variables et plusieurs valeurs en une fois.

Si nous prenons le tableau associatif suivant :

```
$montableau  = array(
                   'pays' => 'fr',
                   'departement'    => '54',
                   'europpeen' => TRUE
               );
```

L'ajout du tableau se fera ainsi :

```
$this-> set_userdata($montableau);
```

La lecture de l'élément pays par exemple se fera ainsi :

```
$pays = $this->userdata('pays');
```

Supprimer une variable à la session utilisateur est aussi simple qu'en ajouter une. La méthode à utiliser est alors *unset_userdata*.

Ci-dessous l'exemple indique comment supprimer une variable :

```
$this->session->unset_userdata('departement');
```

La suppression de plusieurs variables à la fois se fait ainsi :

```
$montableau = array(pays => '', 'departement' => '');
$this->session->unset_userdata($montableau);
```

4. Sécuriser des sessions

Parmi les techniques utilisées en PHP pour gérer l'authentification sur un site, une d'entre elles consiste à conserver l'identifiant d'un utilisateur après que celui-ci se soit authentifié. On peut être amené à conserver également son pseudo dans une session. Avec des outils comme webdeveloppeur sur Firefox, il est très facile de lire et manipuler un cookie. Un utilisateur mal intentionné pourrait profiter de la possibilité qu'offre ce plugin de Firefox, pour changer son identifiant et prendre l'identité d'un autre et peut-être celui de l'administrateur du site.

Dans les cas où l'utilisation de session peut mettre en danger votre site web, il faut alors sécuriser ses variables de session.

Lors du chapitre sur la configuration de CodeIgniter, vous avez vu que l'on peut activer une option de cryptage de session. Il est alors possible de crypter les données d'une session, ce qui est un avantage mais ce n'est pas la panacée. En effet, il n'est pas possible de savoir si un cookie n'a pas été modifié.

CodeIgniter permet heureusement de stocker dans une base de données les informations du cookie tout au long de son existence. Si la version des données du cookie se retrouve différente de celle en base de données, la session est détruite.

Pour MySQL, la création d'une table à associer à la session sera :

```
CREATE TABLE IF NOT EXISTS  'ci_sessions' (
session_id varchar(40) DEFAULT '0' NOT NULL,
ip_address varchar(16) DEFAULT '0' NOT NULL,
user_agent varchar(50) NOT NULL,
last_activity int(10) unsigned DEFAULT 0 NOT NULL,
user_data text NOT NULL,
PRIMARY KEY (session_id)
);
```

Pour indiquer que la table est utilisée par la classe *Session* et que la session est cryptée dans le fichier application/config/config.php, ajoutez ces lignes :

```
sess_encrypt_cookie = TRUE;
$config['sess_use_database'] = TRUE;
$config['sess_table_name'] = 'ci_sessions";
```

Paramètre	Par défaut	Options	Description
sess_cookie_name	ci_session	Aucune	Le nom que vous donnez au cookie enregistré.
sess_expiration	7200	Aucune	La durée de vie du cookie en seconde. Si vous ne voulez pas que la session expire, indiquez 0.

Paramètre	Par défaut	Options	Description
sess_encrypt_cookie	FALSE	TRUE/FALSE	Crypter ou non la donnée en session
sess_use_database	FALSE	TRUE/FALSE	Indique si vous utilisez une base de données ou non.
sess_table_name	ci_sessions	Un nom de table	Le nom de la table qui stocke les sessions.
sess_time_to_update	300	Délais en seconde	La fréquence de régénération de l'identification de session.
sess_match_ip	FALSE	TRUE/FALSE	Vérifie si l'adresse ip de l'utilisateur est conforme avec la session.
sess_match_useragent	TRUE	TRUE/FALSE	Vérifie que le *user agent* correspond à la session.

5. Les "FlashData"

Les sessions sont intéressantes. Mais il faut gérer leur création et leur suppression. Parfois il serait souhaitable que des informations n'existent que jusqu'à la prochaine requête sur le serveur, et que par la suite, elles soient détruites. Par exemple, après avoir saisi un formulaire, on souhaite proposer un message à l'utilisateur indiquant que la saisie s'est bien passée ou non.

Ce type de session sous CodeIgniter s'appelle FlashData. Les FlashData s'utilisent comme les sessions traditionnelles, à la différence qu'il n'est pas nécessaire de les supprimer. Au contraire, on souhaitera étendre leur durée de vie au-delà de la prochaine requête serveur.

6. L'exemple d'un panier virtuel

Si vous avez eu à travailler sur des sites de commerce électronique, vous avez sans doute été amené à gérer des paniers virtuels. Les paniers virtuels offrent au client d'une boutique en ligne le choix de faire ses achats comme s'il était dans une boutique réelle.

Les opérations que l'on peut réaliser sur un panier virtuel, sont les suivantes :
- Ajouter au panier.
- Supprimer du panier.
- Vider le panier.

À chacune de ces opérations, le montant du panier est recalculé.

La plupart du temps le panier est codé en utilisant des sessions.

CodeIgniter propose un panier virtuel sous forme d'une bibliothèque avec lequel toutes les opérations décrites ci-dessus sont possibles.

Cette bibliothèque utilise la classe *Session* et nécessite que vous ayez configuré cette classe avec une base de données, comme cela est indiqué dans la section Sécuriser des sessions.

Un panier doit contenir des produits associés à un identifiant, une quantité et un prix. Cela est indispensable.

Pour illustrer l'utilisation de la bibliothèque *cart*, vous allez installer CodeIgniter sur votre serveur. Configurez le framework pour que les sessions fonctionnent avec une base de données. Supposons que vous deviez implémenter un panier virtuel pour une boutique ne proposant que deux produits : la location d'un appartement et la location d'une maison. Il est possible de louer l'un et l'autre de ces produits à la journée, pour la somme de 80 euros pour l'appartement et 150 euros pour la maison.

Ces produits ne seront pas stockés dans une base de données.

Vous allez créer un modèle produit et les méthodes d'accès aux produits. Ensuite, vous développerez un contrôleur qui permettra l'affichage d'une liste de produits et d'un panier virtuel.

L'affichage de la liste de produits nécessitera la création d'une vue, et il en va de même pour le panier virtuel. Il faudra également gérer une vue layout.

Comment fonctionne le panier virtuel ?

Quand vous ajoutez un produit au panier, vous devez créer un tableau qui a la forme suivante :

```
$data = array(
                'id'      => '0',
                'qty'     => 1,
                'price'   => 80,
                'name'    => 'Appartement ...',
                'options' => array('Ville' => 'Nice', 'Garage'=>TRUE)
          );
```

L'ajout se réalise ainsi.

```
$this->cart->insert($data);
```

L'objet `cart` gardera ces informations tout le long de la navigation. Si le panier est mis à jour, par exemple quand une quantité est changée, le montant est recalculé.

Pour afficher le panier, vous pouvez vous inspirer de la documentation `user_guide` et recopier en le modifiant le tableau représentant le panier.

Le panier est affiché grâce à une boucle qui parcourt le contenu du panier. Un bouton permet d'accéder à la mise à jour du panier quand on modifie celui-ci.

```
<h2>Votre panier</h2>
<?php echo form_open('liste/update'); ?>

<table cellpadding="6" cellspacing="1" style="width:100%" border="1">

<tr>
  <th>Quantité</th>
  <th>Produit</th>
  <th style="text-align:right">Prix</th>
  <th style="text-align:right">Sous-total</th>
</tr>

<?php $i = 1;  ?>
```

```
<?php foreach($this->cart->contents() as $items): ?>

  <?php echo form_hidden($i.'[rowid]', $items['rowid']); ?>

   <tr>
    <td><?php echo form_input(array('name' => $i.'[qty]',
'value' => $items['qty'], 'maxlength' => '3', 'size' => '5')); ?></td>
    <td>
    <?php echo $items['name']; ?>

      <?php if ($this->cart->has_options($items['rowid']) == TRUE): ?>

        <p>
          <?php foreach ($this->cart->product_options($items['rowid'])
 as $option_name => $option_value): ?>

            <strong><?php echo $option_name; ?>:</strong>
<?php echo $option_value; ?><br />

          <?php endforeach; ?>
        </p>

      <?php endif; ?>

    </td>
    <td style="text-align:right"><?php echo $this->cart->
format_number($items ['price'],'',2); ?></td>
          <td style="text-align:right"><?php echo $this->cart->
format_number($items['subtotal'],'',2); ?> &euro;</td>
  </tr>

<?php $i++; ?>

<?php endforeach; ?>

<tr>
  <td colspan="2"> </td>
  <td class="right"><strong>Total</strong></td>
  <td class="right"><?php echo $this->cart->format_number
($this->cart->total(),'',2); ?> &euro;</td>
</tr>

</table>

<p><?php echo form_submit('', 'Mettre à jour le panier'); ?></p>
```

La modification du panier passe par la méthode :
$this->cart->update($data);

Pour supprimer un élément du panier, il suffit d'indiquer que sa quantité est nulle.

Le modèle

Le modèle contient des attributs *nom*, *description*, *id* qui vont servir à construire le panier. Pour différencier l'appartement de la maison, deux méthodes existent *getAppartment* et *getMaison* :

```
<?php
class Produits_model extends Model {
   private $id;
   private $qty;
   private $description;
   private $nom;
   private $montant;



   function __construct()
   {
      parent::Model();
      $this->id = -1;
      $this->description = "";
      $this->montant = 0;
      $this->qty = 0;
   }

   function getMaison()
   {
      $this->id = 1;
      $this->nom = 'maison';
      $this->description = "Maison de 150 mètres carrés. Meublé.
Piscine. ";
      $this->montant = '150';
      return array('id'=>$this->id,'description'=>
$this->description,'montant'=>$this->montant,'nom'=>$this->nom);
   }



   function getAppartement()
   {
      $this->id = 0;
      $this->nom = 'appartement';
      $this->description = "Appartement de 80 mètres carrés. Meublé.";
      $this->montant = '80';
      return array('id'=>$this->id,'description'=>
```

```
$this->description,'montant'=>$this->montant,'nom'=>$this->nom);
   }

   function getById($id)
   {
       if ($id==0)
           return  $this->getAppartement();
       elseif ($id==1)
           return $this->getMaison();
   }

}

?>
```

Le contrôleur

Le contrôleur doit permettre d'incrémenter le panier, quand on clique sur un produit, et il doit permettre de modifier le contenu d'un panier. Pour vous aider à développer, vous pouvez afficher des informations comme les requêtes exécutées, le contenu du cookie de session, les variables postées par exemple. Cela est très pratique pour débugger votre application.

- Pour cela, ajoutez cette ligne dans le constructeur de votre contrôleur.

L'élément du tableau name du panier ne doit contenir qu'un mot. Pour une description longue de vos produits, utilisez la clé options du tableau.

```
$this->output->enable_profiler(TRUE);
```

```
<?php

class Liste extends Controller {

  function Liste()
  {
    parent::Controller();
                $this->load->model('produits_model');
                $this->load->library('cart');
//                $this->output->enable_profiler(TRUE);
  }

  function index()
  {

            $maison = $this->produits_model->getMaison();
            $appartement = $this->produits_model->getAppartement();
            $data['liste'] = array('1'=>$maison, '2'=>$appartement);
```

```
            $data['titre'] = 'location';
        $this->load->view('layout',$data);
    }

        function add()
        {

            $id= $this->uri->segment(3,0);
            $produit = $this->produits_model->getById($id);
            $current_cart =  $current_cart = $this->cart->contents();
            $qte = 1;
            foreach ($current_cart as $mycart)
            {
                if ($mycart['id'] ==  $produit['id'])
                    {
                    $qte = $mycart['qty'];
                    $qte++;
                    }
            }

            $data = array(
                'id'      => $produit['id'],
                'qty'     => $qte,
                'price'   => floatval($produit['montant']),
                'name'    => $produit['nom'],
                'options' => array('description'=>
$produit['description'])

            );
            $current_cart = $this->cart->contents();
            $this->cart->insert($data);
            redirect('liste','location');
        }


        function update()
        {
            $data = $_POST;
            $this->cart->update($data);
            redirect('liste','location');
        }

}
```

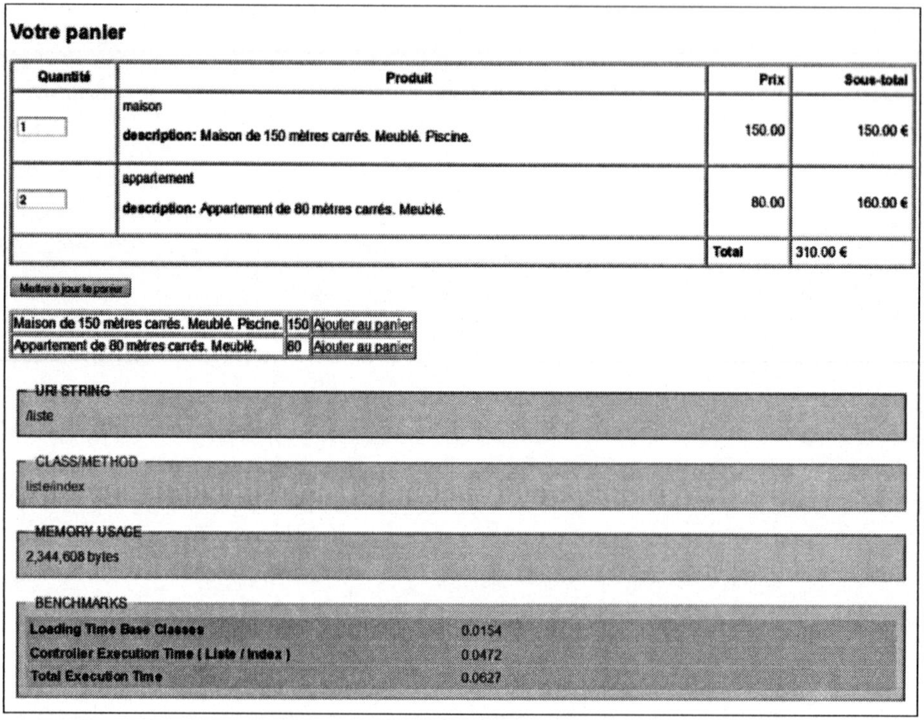

Un panier avec CodeIgniter

Les sessions sont utiles dans le développement web. Vous avez vu comment développer rapidement un panier virtuel. Ce panier mérite d'être amélioré, et par exemple, de bénéficier des apports de technologies comme AJAX (*Asynchronous JavaScript And XML*). Un framework comme CodeIgniter n'est pas indiqué pour développer un site de commerce électronique complet. Ce développement nécessitant un long travail, car il englobe plusieurs projets comme la livraison, le paiement électronique, la gestion des stocks et bien plus encore. Mais réaliser une petite boutique électronique, possédant les fonctionnalités de base, est tout à fait envisageable.

Le développement d'un tel projet nécessite de contrôler à tout moment le code source, car il s'agit d'application présentant des risques. En effet, un bug peut avoir des effets dévastateurs quand des centaines de livraisons doivent avoir lieu.

Le chapitre suivant a pour sujet les tests unitaires, qui permettent de déceler des bugs aussi néfastes que ceux évoqués précédemment.

Chapitre 20
Réaliser des tests unitaires

1. Présentation

L'objectif de ce chapitre est de vous présenter un outil, inclus dans CodeIgniter, qui vous permettra de tester vos applications. Il vous sera présenté l'utilisation des tests unitaires puis la bibliothèque `unit_test`. Pour illustrer l'utilisation des tests unitaires, des exemples vous seront proposés.

Les tests unitaires permettent de s'assurer de la fiabilité de son code. Le PHP est un langage permissif, et partant de ce principe, on trouve de nombreux développeurs qui pensent que leur code fonctionne après l'avoir rapidement testé, de manière fonctionnelle, alors que celui-ci comportait des erreurs.

Les tests unitaires existent pour de nombreux langages. Pour JavaScript, les tests unitaires peuvent être réalisés avec JSUnit, pour le Java avec Junit, et pour le PHP avec PHPUnit.

Tester une méthode revient à évaluer si celle-ci va retourner le résultat escompté de celle-ci. Le résultat du test est connu. On utilise des assertions, c'est-à-dire une expression qui peut être vraie ou fausse.

Il existe une fonction en PHP qui vérifie les assertions. Cette fonction se nomme assert, elle retourne un booléan et prend en paramètre une assertion.

Pour utiliser cette fonction, vous devez indiquer dans le fichier *php.ini* de votre système que les assertions sont autorisées. Vous pouvez aussi indiquer directement, dans votre code, l'activation de cette fonction grâce à la fonction `assert_options()`.

Par exemple pour votre fichier php.ini :

```
assert.active = On ;
```

En écrivant la ligne précédente, vous activez les assertions. Indiquez *off* à la place de *on* pour désactiver les assertions.

Enfin, la fonction s'utilise ainsi :

```
assert('pi() > 3.12');
```

Tester des assertions revient à développer un petit programme. Vous utilisez un framework et donc ne souhaitez pas réaliser de développements supplémentaires. Heureusement, CodeIgniter vous permet de tester vos assertions sans avoir à programmer une seule ligne de code. Vous pouvez activer ou désactiver vos tests sans difficulté.

On cherche à savoir si la classe ou la méthode permet d'obtenir ce résultat. Par exemple, on cherche à tester une méthode *ajouteTrois(num)* qui a ajouté 3 au paramètre, qui, lui, est passé en paramètre.

On sait que si on lui passe en paramètre zéro, la méthode devra retourner trois. Réaliser des tests unitaires consiste à évaluer une série de tests, qui en cas de réussite, laisse à penser que la méthode est bien programmée.

Dans ce chapitre, vous allez apprendre à tester vos classes et vos méthodes. Encore une fois, c'est avec une bibliothèque de CodeIgniter que vous allez travailler.

Cette bibliothèque est la bibliothèque *unit_test*.

Vous la chargez comme ceci :

```
$this->load->library('unit_test');
```

2. Réaliser les tests

Dans ce chapitre, vous allez réaliser des tests unitaires dans un contrôleur *Exempletu*.

- Après avoir installé CodeIgniter, créez une classe *Exempletu* dans le répertoire \system\application\controllers. La classe aura cette forme :

```
class Exempletu extends Controller {

  function Exempletu()
  {
    parent::Controller();
    $this->load->library('unit_test');
  }

  function index()
  {
  }
}
```

La bibliothèque *unit_test* est chargée. Vous allez utiliser cette classe uniquement pour tester des méthodes de la classe, ou provenant de modèles. Il n'est pas nécessaire de créer des vues.

Dans un premier temps, vous allez réaliser des tests sur des fonctions très simples. Puis, vous testerez le retour de fonctions de modèles lors d'ajouts dans une base de données.

La bibliothèque *unit_test* permet de tester si une valeur attendue est égale à la valeur de retour de la méthode testée. Elle permet également de tester le type attendu.

La méthode de la bibliothèque, qui va être utilisée pour réaliser les tests, se nomme *run*. Elle accepte trois paramètres. Le premier est la valeur à tester, le second est la valeur ou le type attendu, enfin le troisième, qui est optionnel, est le nom du test.

En ce qui concerne le type de données, vous pouvez utiliser ces types de comparaison qui parlent d'eux-mêmes.
- is_string
- is_bool
- is_true
- is_false
- is_int
- is_numeric
- is_float
- is_double
- is_array
- is_null

Tester une méthode qui détermine si un nombre est plus grand que trois

Pour commencer, vous allez écrire une méthode qui teste si le paramètre que vous lui passez est plus grand que trois. Vous allez appeler cette méthode *isBiggerThan3*.

Le code de la méthode est le suivant :

```
protected function isBiggerThan3($number)
  {
    return $number > 3;
  }
```

Vous allez tester cette fonction avec des valeurs simples comme 0 et -1. Puis, vous allez tester son comportement avec une chaîne de caractères. Enfin, vous allez tester celle-ci avec des valeurs moins triviales comme pi, false.

- Pour pouvoir afficher ces fonctions, utilisez les tests dans la méthode *index* et lancez un navigateur avec l'adresse suivante http://localhost/VotreRepertoire/index/Exempleetu

Voici une série de tests :

```
$this->unit->run($this->isBiggerThan3(5), true, "5 est plus grand
que 3");
     $this->unit->run($this->isBiggerThan3(0),
false, "0 est plus grand que 3");
     $this->unit->run($this->isBiggerThan3(-1),
false, "-1 est plus grand que 3");
    $this->unit->run($this->isBiggerThan3('une chaîne'),
false, "'une chaîne' est plus grand que 3");
     $this->unit->run($this->isBiggerThan3(true),
false, "true est plus grand que 3");
     $this->unit->run($this->isBiggerThan3(pi()),
true, "pi() est plus grand que 3");
     $this->unit->run($this->isBiggerThan3(pi()),
'_isbool', "La méthode retourne un booléen");
```

Dans le dernier test, c'est le type de retour de la méthode qui a été testé. Il faut mettre entre guillemets ou apostrophes *is_bool*.

Tester une méthode qui détermine si une valeur est false

Vous allez tester la méthode *falseBoolValue*, qui prend en paramètre une valeur et retourne vrai si celle-ci est false.

En PHP, qui est loin d'être un langage typé, false et zéro peuvent être identiques.

```
$test = (0 == false);
var_dump($test);
$test = (0 === false);
var_dump($test);
```

Ces lignes affichent :

bool(true) bool(false)

La bibliothèque *unit_test* permet de spécifier si le test se réalise de manière stricte. C'est-à-dire que le type est pris en compte comme quand on écrit *val1===val2*.

Écrivez la méthode `falseBoolValue` :

```
protected function falseBoolValue($bool)
{
  return $bool==false;

}
```

Écrivez un test sans mode strict :

```
$this->unit->use_strict(FALSE);
$this->unit->run($this->falseBoolValue(false), true,
" Test de falseBoolValue(false) ");
```

Écrivez un test en mode strict :

```
$this->unit->use_strict(TRUE);
$this->unit->run($this->falseBoolValue(false), true,
" Test de falseBoolValue(false) ");
```

Tester un modèle

Les méthodes, qui ont été testées, n'avaient pas d'incidence directe avec une base de données. La cohérence des données enregistrées dans votre base est cruciale. Les tests unitaires vous permettront de prendre le moins de risque avec votre code.

Vous allez configurer une base de données qui contiendra une seule table dont voici le script de création :

```
CREATE TABLE IF NOT EXISTS 'produit' (
  'id' int(11) NOT NULL AUTO_INCREMENT,
  'desc' text COLLATE utf8_unicode_ci NOT NULL,
  'date_create' timestamp NOT NULL DEFAULT CURRENT_TIMESTAMP ON UPDATE
CURRENT_TIMESTAMP,
  'date_update' timestamp NOT NULL DEFAULT '0000-00-00 00:00:00',
  PRIMARY KEY ('id')
) ENGINE=MyISAM DEFAULT CHARSET=utf8 COLLATE=
utf8_unicode_ci AUTO_INCREMENT=1 ;
```

Configurez ensuite votre base de données. Créez un modèle que vous allez appeler *Produitmodel* comme ceci :

```
<?
class Produitmodel extends Model {
    function Produitmodel()
    {
       parent::Model();
       $this->obj =& get_instance();
       $this->_init_Abusif();
    }


   function add( $data ) {

   // Load the database library
   $this->load->database();

   // Build up the SQL query string
   $sql = $this->db->insert_string('produits', $data);

   $query = $this->db->query($sql);

   return $this->db->insert_id();
   }
}
```

Le modèle contient la méthode *add($data)* qui va être testée. Vous allez tester si un enregistrement retourne bien un integer comme ceci :

```
$prod1 = array("desc"=>"PC Portable","date_create"=>"2010-10-18888");
  $this->unit->run($id = $this->produitsmodel->add($prod1), 'is_numeric',
' Test du model produitsmodel add() avec $prod1 =
$array("desc"=>"PC Portable","date_create"=>"2010-10-18888")   ');
```

Volontairement, vous tentez d'insérer une date comme 2010-10-18888.

Le test n'est pas très intéressant. Ce que l'on souhaiterait vérifier, c'est si les valeurs passées sont bien insérées dans la base. Vous allez donc créer une méthode pour interroger la table produit.

La méthode est la suivante :

```
function get( $id ) {

  // Load the database library
  $this->load->database();

  $query = $this->db->get_where('produit', array('id' => $id));
  return $query->result();
  }
```

Cette méthode retournera un objet pour un identifiant donné en paramètre.

Vous pouvez maintenant réaliser le test complet de l'insertion de données comme ceci :

```
$prod1 = array("desc"=>"PC Portable","date_create"=>"2010-10-18888");
  $this->unit->run($id = $this->produitsmodel->add($prod1), 'is_numeric',
'Test de la méthode add du Model produitmodel ');
    $testinsert = $this->produitsmodel->get($id);
    $this->unit->run($testinsert[0]->date_create, '2010-10-18888',
' Test de la méthode get($id) du modele produitmodele  ');
```

Vous pouvez tester de la même manière les méthodes de modification et de suppression comme les méthodes de recherche.

Imaginez que vous ayez à développer l'inscription, la désinscription, et la modification d'utilisateur d'un site communautaire par exemple.

Il vous serait utile de tester les assertions suivantes :
- L'insertion de l'utilisateur utilisateur1 s'est bien déroulée.
- L'utilisateur utilisateur1 est présent dans la table des utilisateurs.
- La modification de l'utilisateur utilisateur1 en utilisateur2 s'est bien déroulée.
- L'utilisateur utilisateur2 est présent dans la table des utilisateurs.
- La suppression de l'utilisateur utilisateur2 s'est bien déroulée.
- L'utilisateur utilisateur2 n'est plus présent dans la table des utilisateurs.

L'exemple précédent faisait intervenir une seule table. Vous pouvez aisément comprendre que faire intervenir plusieurs tables dans les scénarios complexifie le développement et donc confirme l'utilisation de tests unitaires.

Si vous êtes amené à utiliser des modèles que vous n'avez pas développés, c'est une bonne solution pour jauger la qualité des méthodes.

3. Générer un rapport

Vous avez jusque-là appris à réaliser des tests unitaires mais vous n'avez encore pas affiché le résultat de ces tests.

Vous pouvez afficher individuellement un test par exemple comme ceci :

```
$this->unit->run($id = $this->produitsmodel->add($prod1), 'is_numeric',
' Test du model produitsmodel add() avec $prod1
= $array("desc"=>"PC Portable","date_create"=>"2010-10-18888")   ');
```

Ou afficher toute une série de tests comme ceci :

```
echo $this->unit->report();
```

Test Name	Test: add du Model produitmodel
Test Datatype	integer
Expected Datatype	numeric
Result	Passed
File Name	C:\wamp\www\ChapitreCodeIgniter\system\application\controllers\exempletu.php
Line Number	[illegible]

Test Name	Test: get($id) du modele produitmodele
Test Datatype	String
Expected Datatype	String
Result	Failed
File Name	C:\wamp\www\ChapitreCodeIgniter\system\application\controllers\exempletu.php
Line Number	73

Résultat du test

Vous pouvez créer un template pour gérer votre propre affichage comme ceci :

```
$str = '
    <table border="1" cellpadding="4" cellspacing="1">
      {rows}
        <tr>
        <td>{item}</td>
        <td>{result}</td>
        </tr>
      {/rows}
    </table>';

$this->unit->set_template($str);
echo $this->unit->report();
```

Quelle que soit la mise en forme que vous choisissez, il faut prendre en considération que le rapport d'un test unitaire est un document, qui s'ajoute à la documentation de votre code au même titre que la documentation de vos classes et de vos diagrammes de classes. Il permet d'expliquer simplement le fonctionnement de vos classes et méthodes. Il sera sans doute un des documents les plus explicites pour les membres de votre équipe.

Le dernier chapitre vous permettra de mettre en pratique vos connaissances sur CodeIgniter.

Chapitre 21
Un cas pratique : la gestion de fichiers

1. Présentation

L'objectif de ce chapitre est de vous montrer comment profiter d'un framework, pour développer des fonctionnalités qui au premier abord semblent nécessiter un temps important de développement. Une fois de plus, le principe DNRTW (*Do Not Reinvent The Wheels*) sera suivi, car pour la partie authentification vous allez utiliser une bibliothèque.

Dans ce chapitre, vous allez développer un système d'upload de fichiers PDF. Vous devrez permettre l'accès à ce système aux utilisateurs autorisés.

L'upload de fichiers

Tout d'abord, vous allez développer un système d'upload. Par la suite, vous développerez la sécurisation de cet upload de fichiers. En tant que développeur PHP, vous avez eu à gérer la mise en ligne de fichiers. Vous savez à quel point cela nécessite de lignes de code quand il s'agit de prévoir toutes les spécificités que cela impose.

En effet il faut prendre en compte :
- Les fichiers à uploader
  - Le renommage
  - Le type
  - L'extension du fichier
- Les répertoires
  - Le chemin du répertoire absolu
  - Les chemins relatifs
- Les caractéristiques des images
  - Les dimensions de l'image
  - Le type (gif, png...)
  - La taille de l'image

L'upload de fichiers va fonctionner de la manière suivante : un formulaire va proposer l'upload de fichiers. L'utilisateur va poster un fichier provenant de sa machine. Si le système ne détecte aucune erreur, le fichier est placé dans le répertoire souhaité. Une page confirme à l'utilisateur que l'opération s'est déroulée avec succès.

Sinon, le formulaire d'upload sera présenté à nouveau à l'utilisateur avec un message d'erreur, lui indiquant que l'upload ne s'est pas bien déroulé.

Le procédé présenté est à peu de choses près le fonctionnement détaillé dans la documentation user_guide de CodeIgniter dans la rubrique File Uploading Class.

Pour votre développement, vous allez vous inspirer de cette documentation.

De quoi avez-vous besoin ?

Il vous faut installer CodeIgniter.

Il vous faut un contrôleur. Vous allez utiliser les contrôleurs, par défaut `Welcome`. Il vous faut créer le répertoire qui va recevoir les fichiers uploadés. Vous allez nommer ce répertoire *uploads*. Vous devez afficher une vue contenant un formulaire d'upload et une vue pour afficher un message en cas de succès, dans l'upload du fichier par un utilisateur.

- Installez CodeIgniter.
- Faites une extraction de l'archive de la dernière version stable du framework. Configurez le système comme vous l'avez appris dans le chapitre Présentation du framework CodeIgniter. Créez dans l'archive extraite un répertoire *uploads*.
- Créez une vue `formulaire_upload`.
- Recopiez cet extrait de code du user_guide :

```
<?php echo form_open_multipart('upload/do_upload');?>

<input type="file" name="userfile" size="20" />

<br /><br />

<input type="submit" value="upload" />

</form>
```

- Dans la vue `welcome_view`, ajoutez l'appel à la vue `formulaire_upload` :

```
<html>
<head>
<title>Upload Form</title>
</head>
<body>

<?php echo $error;?>
<?php $this->load->view('formulaire'); ?>

</body>
</html>
```

Le contrôleur

```
function Upload()
  {
    parent::Controller();
    $this->load->helper(array('form', 'url'));
  }

  function index()
  {
    $this->load->view('upload_form', array('error' => ' ' ));
  }
```

```
function do_upload()
{
  $config['upload_path'] = './uploads/';
  $config['allowed_types'] = 'gif|jpg|png';
  $config['max_size']  = '100';
  $config['max_width']  = '1024';
  $config['max_height']  = '768';

  $this->load->library('upload', $config);

  if ( ! $this->upload->do_upload())
  {
    $error = array('error' => $this->upload->display_errors());

    $this->load->view('welcome, $error);
  }
  else
  {
    $data = array('upload_data' => $this->upload->data());

    $this->load->view('upload_success', $data);
  }
}
```

Le contrôleur fait appel à deux helpers *form* et *url*, que vous connaissez bien maintenant. La méthode *do_upload* va être appelée pour réaliser l'upload. Celle-ci utilise la librairie upload. Notez qu'il faut définir d'abord la configuration de la librairie puis la déclarer. Il est possible de passer de nombreux paramètres à la bibliothèque, comme par exemple la taille d'une image. Cela ne vous est d'aucun intérêt, par contre il est utile de crypter le nom du fichier de manière à avoir un nom de fichier unique. Si par exemple vous sauvegardez le nom du fichier dans une base de données, dans le but de manipuler ce fichier, il peut être utile d'avoir un nom unique, afin d'éviter des amalgames. Vous devez aussi paramétrer le type du fichier PDF. Notez que vous pouvez spécifier plusieurs types de fichiers, en séparant chaque valeur par le caractère pipe |.

Il est utile aussi d'indiquer la taille maximale du fichier, comme dans le code ci-dessus en octets.

En fonction de la réussite de l'opération, la vue adéquate sera affichée.

En cas de succès, la vue affiche un message de confirmation et affiche le contenu du tableau associatif upload_data contenant les informations sur les fichiers uploadés. Bien évidemment, vous n'utilisez ces informations que pour le développement.

L'authentification

Le principe de l'authentification est simple ; une personne est identifiée sur votre site par l'intermédiaire de deux informations : un identifiant et un mot de passe. L'intérêt de ce système réside dans les possibilités qu'il offre aux utilisateurs comme aux concepteurs. Une fois identifiée sur votre site, une personne pourra par exemple poster un commentaire sur un article ou sur un produit, action que l'on retrouve principalement dans les blogs, passer une commande dans une boutique en ligne, administrer un site entier, avoir accès à telle ou telle partie délimitée de votre site, toujours en gardant son identité unique, préalablement enregistrée dans votre base de données.

Comme le couple login/mot de passe est censé représenter une personne physique ou morale, offrant des droits propres à celle-ci, l'aspect sécuritaire est alors à prendre en compte. C'est pour cette raison qu'il est important de se baser sur des supports existants, testés et offrant le maximum de sécurité possible.

Principe de fonctionnement d'un système d'authentification simple

Dans le cas où l'utilisateur n'est pas enregistré :

1 - L'utilisateur accède à votre site où un formulaire d'enregistrement composé de divers champs, comme l'identifiant, le mot de passe, la confirmation du mot de passe et l'email lui sont demandés. Dans le cas de CodeIgniter, il s'agit d'une vue.

2 - Une fois les champs remplis et le formulaire validé, le contrôleur reçoit les informations et les transmet au modèle. Le modèle se charge alors de créer un nouvel enregistrement sur le serveur, en un mot il crée un nouveau compte.

3 - Vous pouvez accéder alors à l'interface limitée aux seuls utilisateurs enregistrés. Tout au long de votre visite, des données placées en session vérifieront que vous êtes toujours connecté ou que vous accédez bien aux pages prévues.

4 - Vous pouvez vous déconnecter de l'interface, ou vous y serez automatiquement déconnecté au bout d'un certain laps de temps.

Dans le cas où l'utilisateur est déjà enregistré :

1 - L'utilisateur accède à votre site où un formulaire de connexion composé des champs identifiant et mot de passe est disponible. Dans le cas de CodeIgniter, cela correspond à une vue.

2 - Une fois les champs remplis et le formulaire validé, les informations entrées vont être transmises au contrôleur qui va envoyer les informations au modèle. Celui-ci va se charger de vérifier la validité des informations. Dans le plus simple des cas, il contrôle déjà la présence de l'identifiant et du mot de passe entrés sur votre serveur.

3 - Le modèle envoie ensuite la réponse, indiquant si l'utilisateur est effectivement présent dans la base ou non.

Il s'agit là du modèle d'authentification le plus simple mais le moins sécurisé. Afin d'augmenter la sécurité des systèmes, de nouvelles fonctionnalités ont été mises au point. Vous pourrez en trouver d'autres, néanmoins celles-ci sont les plus répandues :

- L'activation du compte par email : une fois enregistré sur le site, vous n'êtes pas directement redirigé vers l'interface, vous devez recevoir un email automatique qui possède une clé d'activation de votre compte. Cette technique permet d'éviter le spam notamment.
- Le CAPTCHA : mot ou suite de lettres et de chiffres compréhensibles uniquement par les humains.
- La limitation des tentatives de connexion : au bout d'un nombre de tentatives de connexions ratées, définies par l'administrateur ou le système, il devient impossible de se reconnecter durant une période déterminée. Cela permet de limiter ce que l'on appelle des attaques par force brute (brute-force), qui permettent de trouver un mot de passe en utilisant toutes les combinaisons possibles.

Ce sont quelques méthodes permettant de limiter les risques. À vrai dire, il s'agit du minimum que l'on devrait mettre en place sur un système d'authentification, en plus des précautions prises au point de vue programmation, comme la protection aux injections SQL.

2. La base de données

Comme vous l'avez vu précédemment, l'utilisateur doit être reconnu par votre interface pour interagir avec elle (dans le cas de limitation d'accès à certaines parties d'un site par exemple). Avant de parler d'authentification ou de session, la personne doit déjà être enregistrée ou s'enregistrer sur votre interface, afin qu'elle s'associe avec le couple login/mot de passe, lui déterminant son identité propre.

Un espace de stockage de données, qui garde ses informations en mémoire, est alors nécessaire.

Il existe plusieurs moyens de garder des données en mémoire, citons-en quelques-uns :

- Les systèmes de base de données comme MySQL, Oracle, PostgreSQL, SQLite etc, qui permettent d'ajouter, de modifier ou de supprimer des données liées entre elles par des relations .
- Les annuaires électroniques comme LDAP.
- Le stockage de données dans des fichiers.

L'utilisation d'un système de gestion de base de données (SGBD) est un bon moyen d'enregistrer de manière sécurisée tout type d'information, aussi bien numérique qu'alphanumérique sur votre serveur. C'est d'ailleurs sur le web la solution le plus répandue pour stocker de l'information. CodeIgniter supporte plusieurs types de bases de données, à l'heure actuelle pour la version 1.7.2 : MySQL, MySQLi, MS SQL, Postgre, Oracle, SQLite, et ODBC.

Bien sûr, l'utilisation de tel ou tel SGBD reste libre, chacun possédant ses avantages et ses inconvénients, notamment sur les fonctionnalités offertes par les bases de données, mais aussi sur leur coût. Dans le cas qui nous intéresse, l'utilisation d'une base de données type MySQL vous apportera l'avantage d'être Open Source, et répondra largement aux problématiques posées par l'utilisation d'un système d'authentification, d'autant plus qu'elle est disponible sur la quasi-totalité des hébergeurs actuels.

Dans le cadre de l'installation d'un système d'authentification, une table minimum est nécessaire. Elle va vous permettre de garder les informations de connexion de l'utilisateur, en résumé, son compte. Nommons-la users.

Comme pour toute mise en place de base de données, il est nécessaire de réfléchir aux éventuelles informations qui seraient stockées dans celle-ci. C'est l'étape de conception du modèle de base de données. Dans notre cas, le plus simple correspond à :

- username : identifiant de connexion de l'utilisateur.
- password : mot de passe (crypté de préférence).

Le mot de passe devra être au minimum crypté en MD5 ou SHA1, qui sont des algorithmes de hachage cryptographiques disponibles en PHP, et permettant de transformer le mot de passe de votre utilisateur en une chaîne de caractères d'une longueur différente, suivant le type de hachage utilisé mais ce de manière irréversible. Cela implique que le mot de passe, placé dans ce champ, ne sera reconnaissable ni par vous ni par l'utilisateur, et que le seul moyen de le retrouver sera de le changer complètement, via une méthode de création de mot de passe.

Vous pouvez ajouter d'autres champs à votre table users, comme un *`date_created`*, qui permettra de connaître la date de création d'un compte, ou encore *`last_login`*, qui vous permettra de savoir à quelle date l'utilisateur s'est servi de votre interface pour la dernière fois.

Pour finir avec cette première table qui correspond véritablement au compte utilisateur, si vous souhaitiez ajouter ses informations personnelles comme le numéro de téléphone, la ville, le code postal ou l'adresse, préférez utiliser une table supplémentaire qui sera en relation avec celle-ci et qui ne servira qu'au recueil d'informations personnelles. En effet, les informations personnelles de l'utilisateur ne rentrent pas en compte dans le processus de connexion au compte.

3. Utiliser des bibliothèques

Le principe de l'authentification et l'accès au compte via la base de données sont simples, néanmoins la mise en place d'un système d'authentification « from scratch », c'est-à-dire à partir de zéro, est une solution à court terme ou qui risque de vous prendre du temps. Effectivement, l'authentification peut fonctionner comme nous l'avons vu avec une simple table et deux champs répartis sur quelques vues, mais cette solution n'offre pas la sécurité nécessaire que vous devez offrir à vos utilisateurs, a fortiori dans le cas où des informations confidentielles sont stockées sur votre serveur.

Plutôt que de partir de zéro, vous pourriez utiliser des bibliothèques (librairies en anglais) CodeIgniter, qui vont vous permettre de gagner et en temps et en sécurité.

Une bibliothèque est une classe composée de méthodes complètes, que vous allez pouvoir réutiliser ou greffer dans votre propre code. Vous allez, de cette manière, pouvoir augmenter les possibilités de votre application web en y ajoutant des méthodes déjà existantes.

De ce côté, CodeIgniter possède déjà toute une liste de bibliothèques qui sont détaillées très clairement avec des exemples, dans la documentation utilisateur. Dans CodeIgniter, elles se trouvent dans l'emplacement system/librairies. Citons-en quelques-unes pour vous permettre d'appréhender les possibilités offertes par le framework :

- File Uploading Class : uploader facilement des fichiers sur le serveur.
- Pagination Class : créer rapidement un système de pagination.
- Language Class : placer des traductions de vos sites dans des fichiers, facilitant la conversion entière de votre site dans d'autres langues.

- Form Validation : vérifier de manière poussée la validité des champs renseignés dans un formulaire.

Comme vous pouvez le remarquer, ce sont des éléments récurrents auxquels chaque développeur est amené à se confronter un jour ou l'autre dans le développement d'une application web.

En plus des bibliothèques prévues nativement dans CodeIgniter, il vous est possible de rajouter les vôtres ! Concernant le système d'authentification, certains développeurs ont déjà sorti les leurs, en voici quelques-unes :
- DX Auth : permet entre autres, l'activation par email, un système de CAPTCHA intégré permettant d'éviter les BOTS, une gestion des langues, une désactivation automatique de l'utilisateur connecté une fois la période d'inactivité atteinte, etc. Le tout très bien documenté.
- FreakAuth Light : possède les atouts du précédent (activation par email, multilingue, bonne documentation...), mais certains éléments laissent à désirer, comme la structuration des vues HTLM, le CAPTCHA ou l'appel quasi systématique de l'autoload (consommateur de ressource).
- Fresh Powered : très simple et léger (quelques fichiers nécessaires), mais rien de spécifique au niveau des possibilités : à proscrire donc.
- Redux : très léger, une très bonne documentation, le tout bien codé mais qui ne permet pas la récupération de mots de passe et utilise l'autoloading.

Vous pourriez aussi très bien utiliser la bibliothèque CodeIgniter TankAuth (http://www.konyukhov.com/soft/tank_auth/), développée par le russe Ilya Konyukhov, qui est une amélioration de DX Auth. Sa librairie permet, comme vous le verrez, d'installer en simplement une vingtaine de fichiers et cinq tables, un système complet d'authentification, gérant entre autres :
- La liste des prévisions paginée.
- La création et l'activation de nouveau compte.
- Deux CATCHA possibles (dont reCAPTCHA).
- La gestion du mot de passe (mot de passe oublié, changement de mot de passe).
- La gestion de l'email (changement d'email).
- Le bannissement et la désinscription volontaire.
- La connexion/connexion persistante/déconnexion.
- La limitation des tentatives de connexion.

Sachant que toute la structure est codée, que les champs de connexion sont vérifiés, que les emails d'activation sont envoyés automatiquement et que la sécurité est mise en place, c'est un gain de temps considérable lors de la mise en place d'un site web. En plus de tout cela, le fichier de configuration de la librairie permet de l'adapter au mieux à vos besoins.

TankAuth permet aussi l'utilisation de la classe *Language* de CodeIgniter que vous avez pu voir précédemment. Nativement TankAuth est en anglais.L'installation de cette bibliothèque est simple, il suffit de copier les fichiers dans les répertoires CodeIgniter correspondants, et renseigner les champs de configuration database.php vus dans les chapitres précédents.

Enfin, si vous souhaitez créer vous-même vos propres bibliothèques, c'est possible. En effet, CodeIgniter permet :
- La connexion/connexion persistante/déconnexion.
- L'extension d'une bibliothèque native existante.
- Le remplacement d'une bibliothèque native.

Avant toute chose, pour créer votre bibliothèque, vous devez indiquer la première lettre du nom de votre fichier en capital. C'est une convention de nommage, par exemple : Maclass.php.

Ensuite, créez la classe dans le fichier :

```
<?php
if ( ! defined('BASEPATH')) exit('No direct script access allowed');

class Maclass {

    function ma_fonction()
    {
    }
}

?>
```

Une fois dans le contrôleur, vous pourrez appeler votre librairie de cette façon :

```
$this->load->library('maclass');
```

Et accéder à vos fonctions comme ceci :

```
$this->maclass->mafonction();
```

C'est exactement de cette manière qu'ont été construites les bibliothèques de système d'authentification. Pour le cas de TankAuth par exemple, la bibliothèque du même nom possède des méthodes qui permettent de créer des utilisateurs, de les supprimer, de changer d'email ou de vérifier sa validité.

4. Les contrôleurs

Dans le cas d'un système d'authentification, il y a au minimum deux contrôleurs, un qui se charge du contrôle de l'utilisateur avant et pendant la connexion et un second qui concerne le traitement du PHP une fois l'authentification effectuée, l'intérieur d'un espace membre par exemple.

Pour TankAuth, le contrôleur principal en charge de l'utilisateur, avant et pendant la connexion, s'appelle controller/auth.php. Vous pourrez bien sûr l'adapter dans votre cas, en modifiant le nom de la librairie pour passer de ceci : http://localhost/mon_site/auth/login.

Nous avons donc accès grâce à cette bibliothèque à une classe auth, possédant des méthodes qui vont vous permettre plusieurs actions, qui sont communes aux systèmes d'authentification actuels.

La connexion (LOGIN)

L'utilisateur va pouvoir se connecter à votre site via ses identifiants. Si la connexion est réussie (compte activé, identifiants valides), l'utilisateur est redirigé vers une page de votre choix (par défaut l'accueil). Dans le cas où l'utilisateur n'est pas trouvé ou son compte non activé, TankAuth le signale automatiquement. C'est notamment cette méthode qui contrôle la vue suivante `view/auth/login_form` :

Se connecter

Comme vous pouvez le constater, la vue est dépouillée de style, ce qui vous permettra de l'adapter facilement à vos besoins, grâce à l'utilisation de feuilles de style notamment.

La déconnexion (LOGOUT)

Permet à l'utilisateur de se déconnecter de votre interface. Cette action s'effectue sur un lien hypertexte :

```
$this->maclass->mafonction();<?php echo anchor('/auth/logout/',
'Logout'); ?>
```

Une fois qu'il a cliqué, l'utilisateur est redirigé vers une page lui indiquant le bon déroulement de sa déconnexion, les variables de session étant supprimées, il faudra impérativement se reconnecter pour retrouver l'interface utilisateur.

L'enregistrement (REGISTER)

L'étape par laquelle l'utilisateur doit passer impérativement pour accéder à votre interface, quand il s'enregistre, un nouveau compte est créé dans votre base de données. Il est possible d'activer l'appel à un email de confirmation pour que l'utilisateur puisse s'enregistrer.

`Register()` contrôle la vue `/view/auth/register` suivante :

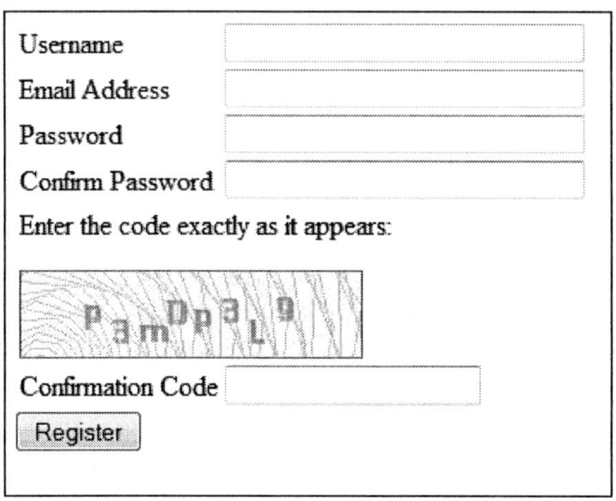

Vue register

En testant les champs, il est possible de voir la librairie `form_validation` en action.

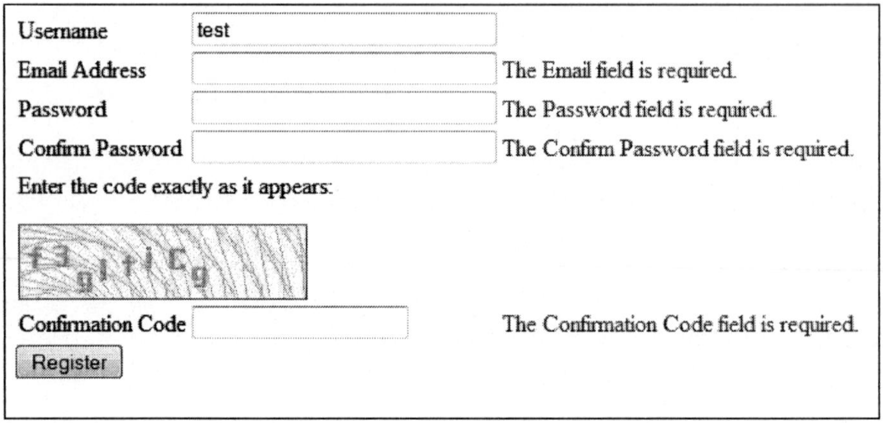

Un nouveau compte

■ Remarque

Même si le captcha d'origine est configurable via la sélection de sa police de caractère ou sa hauteur d'écriture, l'utilisation de reCAPTCHA est préférable. Il suffit de le sélectionner dans le fichier de configuration de la librairie, après avoir préalablement créé un compte sur http://www.recaptcha.org. En effet, celui d'origine se vérifie très mal, et c'est le genre de chose qui rebute plus d'un internaute. Dans un souci de confort et d'ergonomie, il est donc préférable d'utiliser reCAPTACHA, service gratuit et assez populaire, qui propose de mettre en place un système de captcha élaboré sur votre site. Pourquoi s'en priver puisque l'auteur de TankAuth vous propose de l'intégrer très facilement dans sa bibliothèque ?

Second email d'activation (SEND AGAIN)

Cela permet à un utilisateur qui change d'email ou qui a rencontré des problèmes lors du premier enregistrement, de redemander un second mail d'activation de compte.

Activation du compte (ACTIVATE)

À la création du compte (si le paramètre est activé) ou si l'utilisateur a oublié son mot de passe, il peut activer son compte.

Réinitialisation du mot de passe (RESET PASSWORD)

Remplace le mot de passe oublié par un nouveau, provenant de l'utilisateur lui-même.

Changement de mot de passe (CHANGE PASSWORD)

Grâce à cette méthode, l'utilisateur peut changer son mot de passe par l'intermédiaire d'un formulaire simple à deux champs.

Changement de l'email (CHANGE EMAIL)

Comme pour le mot de passe, si l'utilisateur est connecté, il peut modifier son adresse email. Un email de confirmation lui est alors envoyé sur la nouvelle adresse pour modifier le compte en conséquence.

Réinitialisation de l'email (RESET EMAIL)

Remplace l'ancien email par un nouveau.

Se désinscrire (UNREGISTER)

Suppression du compte de l'utilisateur, si celui-ci est connecté et son compte activé. Le mot de passe est demandé pendant cette opération.

Mot de passe oublié (FORGOT PASSWORD)

Envoi d'un email à l'utilisateur qui aurait oublié son mot de passe. Si la demande est effectuée dans un laps de temps assez court, l'utilisateur peut changer le mot de passe de son compte et ainsi se relogguer à l'interface.

Voici l'email envoyé :

Forgot your password on Your project?

De : **Your project** (webmaster@your-site.com)
Envoyé : jeu. 22/04/10 20:49
À :

Create a new password

Forgot your password, huh? No big deal.
To create a new password, just follow this link:

Create a new password

Link doesn't work? Copy the following link to your browser address bar:

http://localhost/codeigniter/auth/reset_password/1/4zsf47964641784z94fvz9ef4ze94f9z6e4f96ze4

You received this email, because it was requested by a Your project user. This is part of the procedure to create a new password on the system. If you DID NOT request a new password then please ignore this email and your password will remain the same.

Thank you,
The Your project Team

Mot de passe envoyé

5. Les modèles

Les modèles nécessaires pour gérer l'authentification sont fournis dans l'archive. Ils sont au nombre de trois :

- Login_attempts
- User_autologin
- Users

Si vous regardez de plus près les méthodes que contient la classe *Login_attempts*, vous constaterez que celles-ci prennent sérieusement en compte la sécurité, notamment en appliquant des vérifications d'adresse IP. Voyez par exemple la méthode ci-dessous qui dénombre les tentatives de connexion :

```
function get_attempts_num($ip_address, $login)
{
  $this->db->select('1', FALSE);
  $this->db->where('ip_address', $ip_address);
  if (strlen($login) > 0) $this->db->or_where('login', $login);

  $qres = $this->db->get(self::TABLE);
  return $qres->num_rows();
}
```

6. Se connecter et se déconnecter

Une fois enregistré dans la base de données, l'utilisateur peut se connecter à l'interface avec son identifiant et son mot de passe. Dans TankAuth, c'est le contrôleur principal qui gère cette vue. Si l'utilisateur n'est pas connecté, c'est la méthode par défaut qui est exécutée, elle affiche la vue du formulaire de connexion, pour rappel :

Se connecter

Comme il est possible de configurer, en tant qu'identifiant de connexion, l'email ou l'identifiant classique, les deux choix sont possibles. L'utilisateur peut donc se connecter en utilisant son adresse email.

Testons avec un login inexistant dans la base de données :

Login incorrect

Après avoir recherché dans la base de données, le modèle renvoie au contrôleur que cet identifiant n'est pas présent dans la base. L'utilisateur ne peut aller plus loin.

Testons maintenant avec un identifiant préalablement enregistré et activé :

Vous êtes connecté

Le modèle a trouvé le couple identifiant/mot de passe dans la base de données, les données de connexion sont gardées en session et l'utilisateur est redirigé vers la vue qui affiche ce message. Dans un cas concret, vous redirigeriez votre utilisateur dans une des vues de votre espace membre par exemple.

Que se passe-t-il si l'on tente d'accéder directement à la page de l'espace membre (via l'URL) sans se logger ?

Effectivement, dans chacune des vues que vous souhaitez intégrer à votre espace réservé aux utilisateurs enregistrés, vous devez ajouter une méthode contrôlant la bonne connexion de ceux-ci. Sans quoi, n'importe quel visiteur possédant l'adresse URL des pages intérieures de votre espace y aura accès. Dans le cas de TankAuth, sur la vue simple correspondant à la page welcome.php de démonstration de CodeIgniter, nous faisons appel dans le contrôleur à la bibliothèque *tank_auth* puis nous vérifions si l'utilisateur est connecté, c'est très simple :

```
<?php
function index()
{
if (!$this->tank_auth->is_logged_in()) {
redirect('/auth/login/');
} else {
$data['user_id'] = $this->tank_auth->get_user_id();
$data['username'] = $this->tank_auth->get_username();
$this->load->view('welcome', $data);
}
}
?>
```

Si la méthode *is_logged_in()* renvoie *FALSE*, cela signifie que l'utilisateur n'est pas connecté au site. Dans ce cas, il est automatiquement redirigé vers le formulaire de connexion. Dans le cas contraire, on recherche des informations concernant l'utilisateur via deux autres méthodes de la bibliothèque puis on les passe dans un tableau à la vue finale.

Maintenant, imaginez que vous ayez une navigation à construire pour votre interface entre plusieurs pages. Il vous suffit alors d'ajouter la méthode de vérification de connexion dans le constructeur de votre contrôleur. À chaque page, vous vérifierez que l'utilisateur est bien identifié sur le site.

Pour la déconnexion, on fait appel à un helper CodeIgniter nommé *anchor()*, qui va simplement créer un lien hypertexte menant à la page auth/logout. Cela signifie que la méthode *logout* du contrôleur d'authentification sera exécutée, déconnectant ainsi l'utilisateur de votre interface et le redirigeant vers la vue de votre choix. En l'occurrence ici :

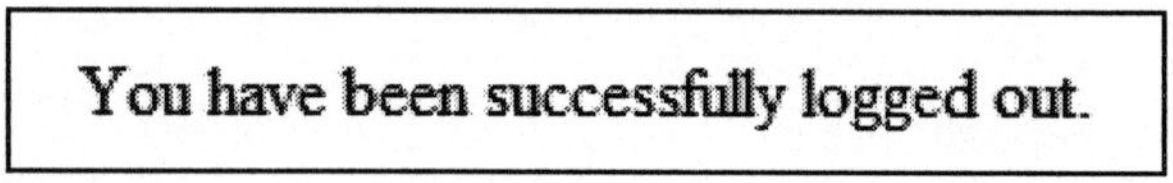

L'utilisateur devra se reconnecter par l'intermédiaire du formulaire de connexion pour accéder de nouveau à l'interface.

7. Mot de passe perdu

La procédure de récupération du mot de passe est essentielle au système d'authentification. Elle permet à un utilisateur possédant déjà un compte sur votre interface de récupérer un mot de passe par l'intermédiaire d'un formulaire :

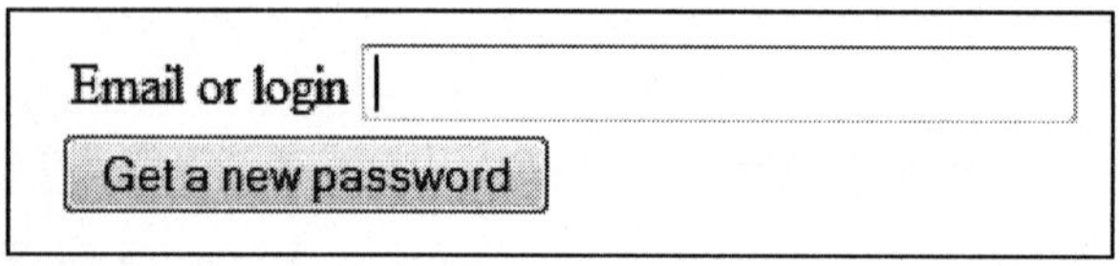

Mot de passe perdu

Il existe plusieurs manières de procéder pour pouvoir récupérer un mot de passe perdu :

- Vous fournissez l'adresse email avec laquelle vous vous êtes identifié sur votre compte. Un email automatique vous est envoyé contenant votre mot de passe en clair. C'est une solution, mais cela signifie que votre mot de passe est inscrit quelque part en clair sur le serveur de l'interface, et ce n'est pas l'idéal au niveau de la sécurité ; sachant qu'il y a une probabilité non négligeable pour que le mot de passe de votre compte interface soit le même que celui de votre compte email...

- Vous fournissez l'adresse email avec laquelle vous vous êtes identifié sur votre compte. Un email automatique vous est envoyé, vous demandant de confirmer votre demande d'un nouveau mot de passe. En cliquant sur le lien de confirmation, un nouvel email vous est envoyé vous indiquant un nouveau mot de passe temporaire que vous pourrez changer vous-même après connexion dans l'interface.
- Vous fournissez l'adresse email avec laquelle vous vous êtes identifié sur votre compte. Un email automatique vous est envoyé contenant un lien d'activation, sur lequel vous devez cliquer pour générer un nouveau mot de passe.

C'est la technique utilisée avec TankAuth. En effet au moment de votre demande de mot de passe perdu, une clé d'activation unique est générée puis enregistrée dans la base et enfin envoyée à votre adresse mail. Cette clé est valable pendant une période donnée. Pendant cette période, votre clé d'activation reste valide, ce qui vous permet de créer un nouveau mot de passe pour votre compte :

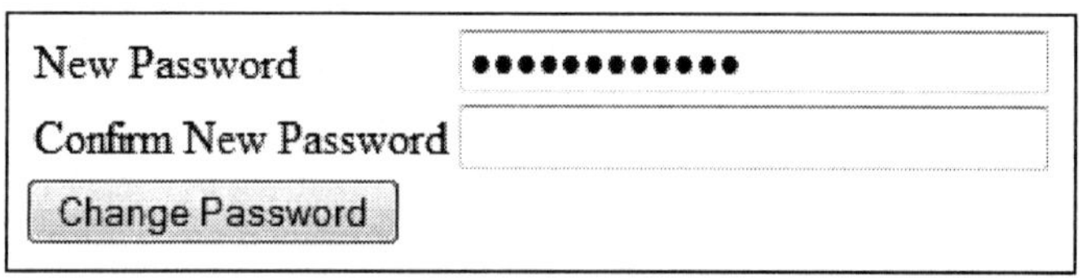

Nouveau mot de passe

À cet instant, votre mot de passe est crypté et inscrit dans la base de données. À ce propos, vous avez le choix dans les méthodes de cryptage de mot de passe. Dans beaucoup de cas, la chaîne de caractères est cryptée avec les fonctions `md5()` ou `sha1()`, disponibles dans le langage PHP. Cette méthode est toujours préférable à l'affichage en clair de votre mot de passe dans la base de données. Néanmoins, il est possible de trouver, sur le web, des dictionnaires de mots cryptés en `md5` et `sha1`, qu'il suffit de retrouver dans la base pour en connaître la valeur de départ.

Afin de pallier ce problème, il existe notamment la méthode du grain de sel qui permet de concaténer une valeur au hash utilisé. Le hash final est alors composé de votre mot de passe et d'une autre chaîne de caractères ajoutée. Vous pourrez utiliser ce procédé en PHP, via la fonction `crypt()`, qui fonctionne suivant les serveurs, avec divers types de hashage, en md5, sha1, DES, Blowfish, etc.

Dans le cas de TankAuth, vous utiliserez la librairie phpass écrite par Solar Designer 2004-2006, qui est une méthode plus robuste pour hasher votre mot de passe.

8. Conclusion

Vous avez pu vous rendre compte de l'omniprésence de la sécurité, dans la mise en place d'un système d'authentification. Il faut avoir à l'esprit que toutes les méthodes de cryptage sont faillibles et qu'il faut donc tenir son code à jour pour éviter les mauvaises surprises. La possession d'un mot de passe, celui de l'administrateur par exemple, peut être fatale à l'intégrité entière de votre serveur. Aussi, l'utilisation de solutions comme les bibliothèques d'authentification dans un environnement comme CodeIgniter permet de vous faire gagner du temps et augmente considérablement la sécurité de vos données et celles de vos utilisateurs. Ce point est plus important qu'il n'y paraît dans la conception d'une interface web, il ne doit donc pas être pris à la légère.

Ce livre vous a présenté deux outils s'appuyant sur le même pattern MVC. Si vous avez suivi les chapitres consacrés à chacun des deux frameworks, vous êtes en mesure de faire votre choix en fonction des projets que vous devez réaliser.

Les comparatifs de framework PHP sur Internet sont légions. Ceux-ci donnent une indication qui peut aider à s'orienter vers l'une ou l'autre des solutions. La meilleure façon de se faire une idée est de tester. C'est pourquoi ce livre comporte un des cadres de travail les plus complets et les plus faciles à utiliser.

Le besoin de logiciels pour le développement dépend aussi des niveaux des membres d'une équipe de développement. Les développeurs débutants n'auront aucun mal à utiliser CodeIgniter rapidement. Le passage vers Symfony par la suite devrait se faire plus aisément car le pattern MVC aura été assimilé.

A

B

C

D

E

F

G

H

I

J

L

M

N

O

P

R

S

T

U

V

W

X

Y

CONCOURS DU MOIS
Jeu gratuit sans obligation d'achat
chaque mois
GAGNEZ
50 €
de livres
des Editions ENI
Pour participer au prochain tirage au sort,
inscrivez-vous sur
www.editions-eni.fr/jeu
Le tirage au sort à lieu **le dernier mercredi de chaque mois.**
Chaque mois, **5 gagnants** seront tirés au sort et prévenus par e-mail.
Règlement complet sur
www.editions-eni.fr/jeu
eni
éditions